# 일연과 13세기

## 나는 이렇게 본다

더 나은
세상을 꿈꾸는
보리
한국사 4

# 일연과 13세기

## 나는 이렇게 본다

| 고운기 글 |

보리

# 비판과 창조 정신을 배우자

역사는 누가 바로 알아야 할까? 누가 읽어야 할까?

못사는 사람이 알아야 한다. 못살게 된 젊은이들이 읽어야 한다. 나쁜 세상에서 버림받는 이들이 알아야 하고, 또 읽어야 한다. 그래야 더는 버림받지 않고, 더는 못살지 않는다.

이 나쁜 세상에서 잘 먹고 잘사는 사람들은 역사를 바로 알려고 하지 않는다. 그 사람들에게 힘센 자들이 만들어 온 삐뚤어진 역사는 거저 물려받은 선물일 뿐이다. 자기네들 편할 때 끌어다 써먹는 고마운 치부책일 뿐이다.

그렇다면 우리가 사는 이 세상, 나쁜 세상일까?

그렇다.

지금 당장 못사는 99퍼센트에게도 살기 나쁜 세상이다. 저 높은 곳에서 사는 1퍼센트가 혼자 잘살아 보겠다고 땅 죽이고, 물 더럽히고, 숨 쉴 공기 흐려 놓지 않았던가. 하지만 그렇게 세상이 쓰레기 더미가 되는 바람에 물려받을 것이라고는 오로지 죽음의 세계,

사는 게 끔찍한 악몽일 수밖에 없는 '젊은 세대'에게는 더더욱 나쁜 세상이다. 그런 세상은 바꿔야 한다.

하지만 좋은 세상은 두 손 모아 빈다고 저절로 오지 않는다. 내 탓이 아니라고 책임을 미루거나, 나만 잘살면 된다며 둘레 사람 살피지 않고 혼자만 쌩쌩 앞서 간다고 오지 않는다. 좋은 세상은 모두가 함께 힘을 모아야 비로소 만들 수 있다.

그렇다면 어떤 세상이 좋은 세상일까?

어려운 말 들먹일 것 없다. 있을 게 있고, 없을 게 없으면 된다.

"아무도 버림받지 않고, 아무것도 버릴 게 없는" 세상.

"있을 것만 있고, 없을 것은 없는" 살림터.

그것이 진짜 좋은 세상이다.

나쁜 세상은 없어야 할 것투성이다. 깡그리 없애야 한다. 그러려면 현실을 바로 볼 수 있어야 한다. 나쁜 것이 어디서 시작되어 어떻게 가고 있는지 알아야 한다. 그리고 다시는 그 나쁜 일이 되풀이되지 않게 똑바로 잘못을 짚어 내고 반성해야 한다.

그것이 역사에서 얻어야 할 바른 '비판' 정신이다.


나쁜 세상은 또한 있을 것이 없는 세상이다. 그러므로 새로 빚어야 한다. 어디에, 무엇이, 왜, 없는지 둘러보아야 한다. 그리고 가장 필요한 것, 가장 소중한 것, 모든 사람들이 함께 누리며 가장 행복할 수 있는 것들을 새로 빚어 채워 넣어야 한다.

그것이 역사에서 찾아내야 할 바른 '창조' 정신이다.


그러므로 역사를 배워야 한다. 역사에서 올바른 가르침을 끌어내야 한다. 그래서 현재의 잘못을 깨닫고, 그 깨달음으로 미래를 바꿔야 하는 것이다. 과거의 역사를 배워, 현재의 잘못을 깨닫고, 미래를 좀 더 바르게 바꾸는 것. 그것은 이 땅에 사는 모든 젊은이들의 몫이다.

젊은이들은 비판과 창조 정신으로 무장하여, '없을 것'을 없애 버리고, 그 빈터에 '있을 것'을 일구고 가꾸어 채워 나가야 한다. 그렇게 파괴와 건설의 일꾼으로 거듭나야 한다.

보리가 역사를 되살피고, 그 성과를 젊은이들을 위해 새롭게 엮어 내야 하는 까닭을, "나는 이렇게 본다."

**윤구병** (농부·철학자)

**일러두기**

1  이 책은 '더 나은 세상을 꿈꾸는' 보리 한국사 넷째 권이다.
2  몽골 이름이나 지명은 쿠빌라이, 카라코룸, 살리타처럼 몽골 발음을 따라 적었다. 다만 저 고여처럼 널리 알려진 이름은 그대로 두었다. 중국 이름은 소동파, 북경처럼 우리 나라 한자음을 따라 썼고, 일본 이름은 카네요시, 도쿄처럼 일본어 발음을 따라 썼다.
3  책을 쓰는 데 도움을 받은 자료들은 마지막에 참고 문헌으로 정리해 두었다.

## 차례

# 고려와 몽골

## 들어가는 글

왜 13세기인가? 이 시기, 인류 문명의 4대 성인이 만든 줄기가 한자리에서 만났다. 13세기 이전이라고 만나지 않았던 것은 아니다. 그러나 그 만남은 부분적이고 국지적이었다. 세계가 통째로 하나 되는 경험은 아니었다. 하지만 몽골이 그 일을 해냈다.

13세기는 이제 막 지나온 20세기와 무척 닮아 있어서 놀랍다. 무엇이 닮았을까?

첫째, 무인 정권이다. 군인이 권력을 잡은 시대였다는 것이다. 13세기에는 고려의 무인 정권이 100년을 갔다. 20세기 또한 그렇다. 1910년 일제강점기부터 1993년 문민정부 성립 전까지 실은 무인의 시대였다. 일본 군인이었던 조선의 총독이나, 해방 뒤 미군정 사령관이 그렇고, 한국전쟁 때문에 군인의 입김이 셌으며, 결국 1961년 군사 쿠데타로 이어졌다. 그 뒤 군사 정권은 30여 년간 계속되었다.

둘째, 외세가 낀 전쟁이다. 13세기에 몽골과의 전쟁, 그리고 용병보다 못했던 일본 정벌이 있었다면, 20세기에는 미국과 중국이 배후인 한국전쟁, 그리고 용병이나 다름없는 월남 파병이 있었다. 물론 전쟁은 우리만의 일이 아니었다. 세계가 전쟁에 휩쓸린 시기였고, 거기에 우리 또한 영향을 받지 않을 수 없었다.

그렇게 닮은 데다 또 왜 13세기인가?

내 소박한 문명사에 따르면, 나는 인류 문명의 본격적인 출발을 석가모니의 시대, 곧 기원전 7세기로 잡고 싶다. 석가모니가 이른바 세계 4대 성인 가운데 가장 먼저 활동했기 때문이다. 그렇다면 문명은 지금 2,700년 정도 나이를 먹었다.

그런 세월 속에 한번 크게 '꺾인' 때가 있었다. 이른바 변곡점이다. 나는 그때를 13세기라고 말하는 데 주저하지 않는다.

이 시기, 인류 문명의 4대 성인이 만든 줄기가 한자리에서 만났다. 서양과 동양이 13세기 이전이라고 만나지 않았던 것은 아니다. 그러나 그 만남은 부분적이고 국지적이었다. 세계가 통째로 하나되는 경험은 아니었다. 하지만 몽골이 그 일을 해냈다.

만남의 경험은 아시아의 초원에서 비롯하였다. 실은 한 번도 초원의 주도권을 잡아 본 적 없는 몽골 민족이, 흩어진 제 민족의 구성원이나 하나로 만들겠다고 나섰던 것이었다. 그런데 제 땅의 매콤한 파 냄새 풍기는 풀을 뜯어 먹고 자란 말이 그토록 튼튼한 줄 몰랐다. 초원을 다 달렸는데도 말이 지치지 않았다. 그래서 더 멀리 초원 너머 이웃 대륙까지 나갔다. 13세기 말 몽골의 영토는 동쪽 아시아 끝에서 서쪽 유럽의 초입까지 펼쳐졌다.

"지중해의 물을 떠서 제 땅만 밟고 가도 태평양 바다에 뿌릴 수 있다."

전성기에 몽골이 차지한 땅을 표현하자면 이 말밖에 달리 없다. 문명을 가진 세계가 단 한 나라의 통치 아래 놓였다. 그로 인해 아시아와 유럽의 문명이 자연스럽게 교류하며, 세계 4대 성인이 한 자리에서 만나는 전혀 새로운 분위기로 나아갔다. 인류의 문명은 그렇게 13세기에 만나서 크게 꺾였다.

이런 대업을 이룬 사람이 13세기의 문제아 쿠빌라이 카안(대칸)이다. 쿠빌라이는 칭기즈 칸의 손자이다. 이렇게 말하면 할아버지의 왕위를 순조롭게 이어받았을 것으로 보인다. 그런데 그는 칭기즈 칸의 넷째 아들 툴루이의 둘째 아들이다. 이렇게 말하면 또 왕위와는 멀어 보인다. 실로 그랬다.

칭기즈 칸은 생전에 막내 툴루이에게 땅을 나눠 주지 않았다. 몽골 민족의 전통이었다. 대신 아버지가 죽으면 아버지 소유의 땅을 막내가 받는 전통 또한 있었다. 툴루이는 전통에 따라 아버지의 땅인 카라코룸을 중심으로 하는 몽골 고원을 상속받았다.

그런데 칭기즈 칸에게 왕위를 물려받은 오고타이 칸이 형제간의 분쟁으로 어려운 처지에 놓인다. 툴루이는 나라의 장래를 생각해 자기 땅을 넘겨주었고, 오고타이는 위기에서 벗어났다. 제 손에 땅한 덩어리 남지 않았지만, 툴루이는 더욱 원대한 꿈을 꾸었다. 이 헌신의 대가가 가져올 빛나는 결과 말이다.

툴루이는 세 아들에게 맨손으로 집안을 일으켜야 한다는 강한 의지를 심어 주었다. 이 의지야말로 재산보다 더 훌륭한 유산이었다. 세 아들은 그렇게 컸다. 오고타이가 죽은 뒤 몽골족의 부족장 회의가 열렸을 때, 강력하게 손잡은 툴루이의 세 아들은 일종의 쿠데타로 맏이인 몽케를 칸으로 세웠다. 1251년의 일이었다.

몽케 칸은 9년간 재위하였는데, 두 동생을 동과 서로 보내 정복 전쟁을 펼치도록 했다. 동쪽으로 간 동생이 쿠빌라이였다. 중국 송 나라를 치기 위해서다. 그런데 쿠빌라이가 송의 주변을 포위하고 있는 동안, 몽케는 주력 부대를 이끌다가 전염병에 걸려 죽고 말았 다. 쿠빌라이는 자연스럽게 몽케의 뒤를 이었다. 멀어만 보였던 왕 위가 이렇게 그에게 왔다. 1260년의 일이었다.

일찍이 칭기즈 칸에게 발탁되었던 거란 출신의 야율초재는 오고 타이 칸에게 이렇게 말했다.

"제국은 말 위에서 정복되었으나 제국을 말 위에서 운영하는 것 은 불가능합니다."

현명한 몽골의 칸은 이 말의 뜻을 정확히 알아들었다. 특히 쿠빌 라이 카안이 그랬다. 정복지의 중국인을 도륙하자는 휘하 부장들의 성급한 주장에 야율초재는 "중국인에게 일할 기회를 주면 세금을 얼마나 거둘 수 있는지" 숫자로 보여 주었다. 쿠빌라이 카안은 그 말에 따랐다. 중국인은 살았고 몽골 정부는 부자가 되었다.

쿠빌라이 카안은 중국인의 저력을 잘 알고 있었다. 야율초재가 오고타이에게 건의한 관료적 군주제를 뒤늦게 현실로 만든 이가 그 였다. 13세기에 몽골은 그야말로 '세계 정부'였다.

이제 잠시 눈을 돌려 베니스로 가 보자.

아들은 열여섯 살이 되어서야 아버지 얼굴을 처음 보았다. 베니스 의 상인인 아버지가 어머니의 배에 씨만 뿌려 놓고 떠난 지 16년 만 에 돌아온 것이다. 베니스의 상인이라면 그 정도는 보통이었다.

이듬해 아버지는 다시 떠날 채비를 하였다. 열일곱 살 된 아들이 거기 따라붙었다. 이 아들이 바로 마르코 폴로이다.

우리는 《동방견문록》으로 그를 잘 안다. 이 책의 본디 제목은 '세계의 서술'이다. 1271년부터 1295년까지 마르코 폴로가 동방을 여행한 체험담을 대필 작가 루스티켈로가 엮은 여행기이다. 출중한 기억력에다 다양한 언어에 능통한 폴로는 자신이 체험한 것을 루스티켈로에게 낱낱이 불러 주었다.

흔히 《동방견문록》에는 마르코 폴로의 과장과 허세가 섞였다고 말한다. 듣지도 보지도 못했던 세계의 이야기를 자랑스럽게 펼쳐 내는 폴로의 이야기를 사람들은 믿지 않았다. 그러나 믿어서가 아니라 믿고 싶어서 폴로의 이야기에 빠져든 사람이 속출하면서 세계는 바뀌었다. 한마디로 《동방견문록》은 13세기 이후 세계사의 흐름을 바꿔 놓는 데 결정적인 역할을 하였다.

인류 문명사에 없던 엄청난 나라가 있고, 그 나라를 과장되지만 신명나게 전파한 한 권의 책과 그 저자가 있었다. 그가 4대 성인을 모으고 동서양을 만나게 하였다. 그런 13세기였다.

이런 세계사적인 변화에 고려 또한 열외일 수 없었다. 게다가 변화의 강력한 자장인 몽골이 바로 옆에 있지 않았던가.

1218년, 몽골군이 거란 군사를 추격해 고려에 들어온다. 고려가 몽골과 만나는 첫 장면이다. 고려는 몽골을 도와 이들을 격퇴시키고 두 나라 사이에는 평등한 관계가 성립되었다. 심지어 몽골의 요구에 따라 두 나라는 '형제 맹약'을 맺었다.

그러나 얼마 있지 않아 상황이 묘하게 돌아갔다. 몽골은 고려에게 조공을 강요했고, 고려는 몽골의 과중한 요구와 몽골 사신의 고압적인 자세에 반발하였다. 형제의 나라라고 한 첫 취지에 어긋났기 때문이다. 그런데 하필 몽골 사신 저고여가 몽골로 돌아가는 길에 국경에서 피살되는 사건이 발생했다.

이는 몽골이 고려를 침공하는 직접적인 원인이 되었다. 이 일을 고려가 저질렀다고 단정한 몽골은 국교를 끊고, 1231년부터 1258년까지 28년 동안 일곱 번이나 쳐들어왔다.

28년간 무려 7차 침입.

이 전쟁의 참혹함은 앞으로 책에서 자세히 다룰 것이다.

다른 한편, 몽골의 비약은 고려 사회의 변화에 가장 큰 요인으로 작용하였다. 무엇보다 중국 본토에 오랑캐 몽골이 나라를 세웠다는 충격적인 사실이 변방의 고려에도 자극이 되었다.

"천자의 나라가 오랑캐에게 무너졌다!"

천자의 나라라고 한껏 뽐을 내던 중국인도 강력한 몽골의 힘 앞에서는 아무것도 아니었다. 중국인은 자존심의 표상이라고 할 본토를 내주고, 오랑캐 출신의 황제 아래에서 구차한 목숨을 잇기 위해 벼슬살이를 하였다.

중국의 그 같은 변화를 지켜보며 고려인은 세계에 대한 새로운 인식을 하게 되었다. 중국을 하늘같이 여겨 온 고려였다. 몽골이나 우리나 중국에게는 변방의 나라에 지나지 않는데, 같은 처지의 몽골이 느닷없이 중국을 차지했다.

이 꿈 같은 현상의 본질을 동시대의 고려인이 알아차리는 데는 상당한 시간이 걸렸다. 그러나 시간이 걸린 만큼 느리지만 아주 사소한 데서부터 천천히, 중국이나 몽골과는 다른 우리의 길, 우리의 민족이 있음을 깨달아 나갔다. 비록 소박하나마 그것이 13세기 고려인의 주체적인 민족의식이었다.

이제 나는 이런 13세기를 찾아가려 한다. 그 길잡이가 되어 줄 사람이 있다. 다름 아닌 일연이고, 그가 쓴 《삼국유사》가 텍스트다.

마르코 폴로가 몸으로 겪었던 13세기를 《동방견문록》에 남겼다면, 우리는 그 시대를 《삼국유사》라는 책으로 가늠한다. 물론 《삼국유사》는 13세기의 사실을 그린 것은 아니다. 13세기를 살았던 일연이 10세기 이전의 우리 고대사를 적은 책이다. 그런데 역사학자 에드워드 카의 명언대로, 역사가는 자신의 시대적인 관점에서 역사를 해석하고, 그것으로 매우 충실히 자신의 시대를 증언한다. 《삼국유사》야말로 그렇다. 13세기를 증언하는 데 부족함이 없다.

한 예를 들어 본다. 혜통은 신라가 삼국을 통일한 직후에 활동한 승려이다. 중국에 유학해 밀교를 배우고 전파하였다. 유학 중에 이런 일이 있었다. 중국 황실에서 스승 무외에게 공주의 병을 치료해 달라는 요청이 오는데, 무외는 자기 대신 혜통을 보냈다. 혜통은 스승의 기대대로 공주의 병을 고친다. 문제는 마무리였다.

병의 원인은 악귀. 혜통의 술법을 이기지 못한 악귀는 공주의 몸에서 빠져나왔으나, 혜통을 원망하여 멀리 날아 신라로 숨어들어 사람을 괴롭혔다. 혜통이 미처 예상하지 못한 부작용이었다.

이것은 이야기지만, 단순히 이야기에서 그치지 않는다. 악귀란 실은 중국에서 시작하여 신라로 전파된 역병을 이른다. 옛날에도 전염병은 그렇게 퍼졌다.

일연이 이 일을 쓸 때, 그의 머리에 떠오른 모습은 신라의 풍경만은 아니었을 것이다. 오래전 신라의 일이자, 바로 자신의 시대에서도 벌어지는 일이었다. 중국에서 날아와 신라를 쑥대밭으로 만든 8세기의 '악귀'는 일연의 시대인 13세기로 치면 '몽골 전쟁'이다. 악귀는 전염병이거니와, 일연은 그것으로 전쟁 같은 고난의 시대를 상징하였다.

지금 우리는 어떤가? 코로나19가 만든 팬데믹이 우리 사회를 휩싸고 있다. 하필 중국에서 시작한 이 전염병이 신라의 혜통과, 혜통의 이야기를 통해 13세기의 고난을 상징한 일연을 떠올리게 한다. 악귀는 어느 시대든 나타나는 법이다. 어떻게 퇴치하는가? 우리에게 주어진 과제이다. 아마도 지나온 역사가 답을 줄 것이다.

역사는 때로 반면교사이다.

고난에서도 가르침을 준다. 그런 믿음에서 이 책은 시작하고, 13세기의 고려를 읽어 보는 데 하나의 시각을 마련한다. 희망은 거기에 있다. ✿

# '고려'라는 나라의 13세기

13세기의 바람은 거셌다. 세계의 정복자 몽골이 일으킨 바람은 동방의 한 작은 도시를 휩쌌다. 이 시기를 정점으로 고려에는 시대의 성격을 달리하는 새로운 사회 문화적인 분위기가 열리기 시작했다. 〈쌍화점〉은 이를 부조리하게 보여 주는 노래이다.

# 임금, 문반과 무반 사이에서

## 13세기 이전, 문반의 시대

고려 왕조는 13세기를 기준으로 그 성격이 아주 확실히 나뉜다. 양반 제도를 받아들인 12세기까지가 문반의 시대라면, 13세기부터는 무반의 시대이다. 문신 중심에서 무신 중심으로 바뀐 것이다.

먼저 문반의 시대를 간단히 정리해 본다.

고려 왕조를 흔히 귀족 사회라 부른다. 지방 호족 출신이 새로운 사상으로 무장하고 왕조를 출범시킨 다음, 신라와 달리 체계적으로 교육받고 선발된 정예가 행정과 군사, 양쪽의 모든 실무를 맡았다. 이들이 바로 양반이다.

흔히 양반 하면 문반과 무반으로 나뉘어 두 축을 이룬 것처럼 말한다. 하지만 고려 전기의 상황은 그렇지 못하였다. 무반은 전혀 힘을 쓰지 못한 채 문반에 의한 독점적인 권력이 행사되었던 것이다. 이것이 12세기까지의 고려였다.

고려 왕조가 문반 중심의 귀족 사회로 나아간 데는 '과거 시험' 제도를 시행한 것이 결정적인 역할을 했다.

　과거 시험은 광종 때부터 시행되었다. 958년, 중국의 후주에서 고려로 귀화한 쌍기가 광종에게 과거를 건의하자 광종이 받아들였다. 광종의 이 같은 결정은 정치적인 목적이 다분히 컸다. 918년에 공식적으로 출범한 고려였지만, 나라를 세우는 과정에서 공을 세운 호족 세력의 힘이 너무 셌다. 후삼국 시대를 평정하는 데 40여 년이나 걸리면서 생긴 결과였다. 광종은 이들을 제거하거나 제압하여야 했고, 거기에 과거 시험은 하나의 묘수였다.

　광종의 노림수는 상당한 성과를 거두어, 나라의 기강을 세우고 새로운 사회 질서를 이루는 데 효과가 있었다. 시험을 통해 선발된 자만이 관리로 나가게 되자, 집안을 배경으로 알음알음 벼슬을 차지해 세습하는 일이 없어졌다. 고급 관리의 자식에게 일부 시험을 면제해 주는 음서제가 있기는 했지만, 기존 세력은 서서히 해체되고, 왕에게 충성하도록 잘 교육받은 젊은 관리가 대신 들어섰다.

　그러나 부작용도 따랐다. 과거 시험 출신의 관리는 슬며시 새로운 권력 집단으로 커 갔고, 권력 투쟁에 집착하면서 지도력을 잃으며 점차 추악한 모습을 드러냈던 것이다. 그 절정인 사건이 인종 재위 연간(1123~1146)에 일어났다.

　인종 때 벌어진, 고려 귀족 사회의 해체를 알리는 대표적인 사건이 이자겸의 난과 묘청의 난이다. 오만방자해진 귀족 세력이 왕위까지 넘보다가 몰락한 것이 이자겸의 난이라면, 권력 투쟁으로 심각한 국가 위기를 초래한 것이 묘청의 난이었다.

특히 당시 수도였던 개경(개성)을 떠나 서경(평양) 천도를 내세운 묘청의 난 이후 왕실의 권위는 땅에 떨어진다. 국왕조차 천도론에 솔깃해 은근히 이들의 후원을 받고자 했던 바, 묘청의 죽음으로 끝내 서경 천도론자가 제거되자 왕실은 세력 기반 하나만 잃은 꼴이 되고 말았다. 개경에 터를 둔 귀족의 발언권과 횡포는 더욱 거세질 수밖에 없었다.

서경을 두고 벌어진 심각한 사태는 이 무렵 〈서경별곡〉 같은 노래에 간접적으로 드러난다.

서경이 서울이지마는
닦은 곳 소성경小城京 사랑하지마는
이별하기보다는 길쌈 베 버리고
사랑하신다면 울면서 쫓아가겠습니다.

이 노래는 겉으로 보기에는 사랑의 속삭임 같다. 길쌈처럼 하던 일조차 버리고 임을 따르겠다는 여인의 결심이 과감하기까지 하다. 그러나 다른 한편 개경 세력에 의해 파괴된 서경의 참혹한 모습을 떠올리게 한다.

서경은 한 여인에게 임이다. 임은 서울처럼 우뚝 서리라 믿었다. 작은 서울이라는 뜻의 '소성경'은 서경의 다른 이름이다. 그렇게 자랑스러운 서울을 기대했건만, 서경은 자랑스럽기는 커녕 사랑을 지키지 못하고 떠나는 남자와 같다. 여인은 여기 남아 길쌈 일을 하면 먹고살기는 할 것이다. 그러나 일상이 무너진 바에야 차라리 일을 버리고 임을 따르기로 결심하는 여인은 곧 서경 추종 세력이다.

서경은 결국 속절없이 무너졌다. 그러나 서경만 무너진 것이 아니었다. 한쪽부터 서서히 진행되는 문반 세력의 붕괴를 〈서경별곡〉은 상징적으로 보여 준다. 노래는 이렇듯 언제나 시대의 격랑을 반영하여 불린다.


## 권력의 역전

인종의 다음을 잇는 왕이 의종이다. 문반의 시대 마지막 왕이다.

의종은 대체로 우유부단하고 무능한 왕으로 평가받는다. 그러나 의종이 본디 한심스런 왕은 아니었다. 강력해진 개경의 귀족 세력 앞에 자신의 뜻을 펴지 못하는, 어쩔 수 없는 상황에 마주쳤을 뿐이다. 의종은 기울어진 왕권을 복구하고자 애썼으나 여의치 않았다. 왕이면서도 끝내 정치권력은 거의 행사할 수 없었다. 의종은 귀족 세력이 장악한 권력에 떨고, 신변의 위협 때문에 왕의 자리조차 지키기 어려운 형편이었다.

바로 이런 왕의 시대에 무신의 난이 터진다. 의종 즉위 24년째인 1170년의 일이다. 본디 왕조차 우습게 본 문신 귀족이 무신을 어떻게 보았는지 말할 필요도 없겠다. 문신에게 무신은 하수인에 지나지 않았다.

그러나 문신 귀족은 무신이 칼을 쥐고 있다는 사실을 놓쳤다. 그들이 칼을 뽑았을 때, 끝없는 차별을 한꺼번에 해소할 뿐만 아니라 방자한 문신을 쳐 왕권을 수호한다는 명분도 살릴 수 있음을 놓친 것이다. 결국 무신의 칼은 피를 뽑았다.

무반의 시대가 시작되는 보현원 사건은 《고려사절요》에 이렇게 그려져 있다.

왕이 장차 보현원에 행차하려 하매 문 앞에 이르러 신하를 불러 술을 따르게 하였다. 술이 취하자 좌우를 돌아보며 말하기를, "장하다, 이 땅이여. 가히 열병할 만하도다"라 하고, 무신들에게 명하여 무술 시범을 보이게 하였다. 이는 무신들의 불평을 알고 있었기에 후히 은사를 베풀어 위로하고자 함이었다.

한뢰는 무신이 총애를 받게 될까 저어하여 시기심을 품게 되었다. 대장군 이소응이 한 사람과 상대하며 치다가 이기지 못하고 달아나니, 한뢰가 갑자기 앞으로 나아가 그의 뺨을 쳐 계단 아래로 떨어뜨렸다. 왕이 군신과 함께 손뼉을 치며 크게 웃었고, 임종식과 이복기 또한 이소응을 크게 꾸짖었다.

이에 정중부와 김광미 등이 아연실색하였다. 정중부가 큰소리로 한뢰를 꾸짖기를, "소응이 비록 무신이나 관이 3품인데 어찌 그를 욕함이 이토록 심한가!"라 하였다. 왕은 정중부의 손을 잡고 위로하였다. 이고가 칼을 뽑고 정중부에게 눈짓하였으나 정중부는 이를 말렸다.

날이 저물 무렵 임금의 가마가 보현원 가까이 이르자, 이고와 이의방이 먼저 가서 왕명이라 속여 순검군을 집합시켰다. 왕이 막 보현원의 문에 들어서고 여러 신하가 물러나려 할 때, 이고 등이 문에서 임종식과 이복기를 죽였다.　《고려사절요》 의종 24년(1170) 8월

거사의 연출자는 이고와 이의방이었다. 그들은 낮은 계급의 무신이었음에도 거사를 계획하고 기회를 엿보고 있다가, 이날 마침 이소응이 문신에게 업신여김 당하는 모습을 보고 실행에 옮겼던 것이다. 이때 정중부는 그들이 내세운 실권 없는 대표 격이었다.

임종식과 이복기를 필두로 숱한 문신이 무신의 칼날에 쓰러졌다. 정중부는 일단 권력을 장악하자 본격적인 무신 통치로 들어갔는데, 신변의 위협을 느낀 의종이 환관을 등에 업고 자신을 제거하려 하자 의종을 추방하고 명종을 세운다. 추방된 의종은 3년 뒤 경주에서 살해당한다. 문신의 시대 마지막 왕의 비극적인 최후였다.

그 뒤 무신의 권력은 경대승에서 이의민, 최충헌으로 이어졌다. 특히 1198년에 집권한 최충헌 집안은 그 뒤 4대에 걸쳐 권력을 세습하는데, 이러한 일은 우리 역사에서 희귀한 경우이다. 이를 '최씨 정권'이라 부른다.

그러나 우리의 관심은 엎치락뒤치락하는 정권 담당자의 변화에 있지 않다. 그보다는 새로운 질서의 성립에 있다.

무신은 사대주의로 요약되는 문신 귀족의 사고방식과는 사뭇 다

르게 나갔다. 어차피 기존의 권력을 찬탈한 입장에서 무신 정권은 지난 시기의 이데올로기 따위는 버려도 좋았고, 도리어 자신의 입장을 합리화하기 위해서 독자적인 논리를 세우지 않으면 안 되었다. 게다가 난리 통에 평민 이하의 사람 가운데 신분 상승을 이룬 이가 많았고, 그들의 자각과 의지는 만만하지 않았다. 여기서 자연스럽게 새로운 분위기가 싹텄다.

결국 권력은 문반에서 무반으로 역전하였다. 그것은 권력의 역전 정도가 아니었다. 세계의 역전이었다.

## 무반의 시대, 13세기의 혼돈 🌿

이제 13세기에 재위한 고려의 왕들이 어땠는지 살펴보자.

결론부터 먼저 말하자면, 13세기 내내 무신 정권이 판을 치고 후반에는 몽골 간섭기로 시달렸으니, 그런 시대의 분위기에서 왕이 어떤 큰 영향력을 행사하기란 어려웠다. 권신과 외세에 휩쓸리는 모습만이 보여 안쓰러울 따름이다.

이 시기 재위한 왕은 앞서 소개한 명종 이후에 신종, 희종, 강종, 고종, 원종으로 이어진다. 그리고 충렬왕이 13세기의 마지막과 14세기의 처음을 맡는다.

먼저 신종을 보자. 1197년에 즉위한 신종은 형인 명종의 뒤를 이었다. 명종은 무신의 난이 터진 뒤 저들에 의해 옹립된 왕이다. 그러

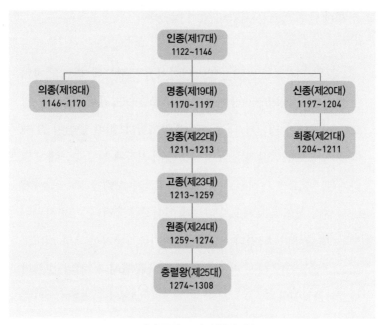

**13세기 무렵 고려의 왕위 계승도**

나 최충헌이 새로 집권하여 명종을 폐하고 새 왕을 세우니, 그가 바로 신종이다. 이때 신종의 나이 벌써 54세였다.

신종은 소심하고 병약했다. 그다지 하는 일 없이 왕의 자리만 지키다가 7년 만에 최충헌에게 간곡히 물러날 뜻을 밝혔다. 최충헌 또한 어쩔 수 없다 판단하고 태자에게 왕의 자리에 오르라 명하였다. 그 왕이 희종이다. 신하가 명령해 왕이 된 희종은 신종의 맏아들이다. 1204년 1월의 일이었다.

이때 최충헌의 권세는 왕을 능가하고 위엄이 서울과 지방에 떨쳤다. 그의 뜻을 거스르기라도 하면 곧 죽음이었다. 물론 그런 서슬 푸른 상황에서도 의로운 사람이 없지 않았다.

노인우가 최충헌의 인척으로 가까이서 모셨는데, 미친 척하며
자주 바른말을 하였다. 충헌이 미워하여 인우는 인주 지방의 수령
으로 나갔다가 임기가 차서 조정에 돌아왔다. 이때 충헌이 집 세
채를 지어 모두 금옥과 돈과 곡식을 많이 저장해 놓고 측근에게 말
하기를, "창고에 저장된 것을 제외하고 금은보화를 모두 왕에게
바쳐 나라 살림에 보태고자 하는데 어떠하냐?" 하니, 여러 사람이
모두 "좋습니다" 하였다. 인우가 말하기를, "남겨서 그냥 경비로
쓰고 백성들에게 다시 거두지 않는 것만 못합니다" 하니, 충헌이
부끄러워하였다. 《고려사절요》 희종 7년(1211) 1월

인주는 지금의 인천이다. 노인우가 그곳 수령을 마치고 돌아와
보니 조정의 꼴이 저런 지경이었다. 노인우는 왕에게 재산을 바치
고 다시 그 재산을 백성에게 빼앗아 채우려는 최충헌의 '눈 가리고
아웅' 식의 행태를 꼬집었다. 천하의 최충헌에게 이런 말을 하다니,
아마도 노인우는 인척이기에 그나마 가능하지 않았을까. 인척이라
도 감히 다른 사람은 못 할 말이었다. 노인우의 이야기는 최충헌의
권세가 얼마나 컸는지 보여 줄 뿐이다.

다음 임금이 강종인데, 명종의 맏아들이다. 앞서 명종은 주변 사람
의 말을 믿고 최충헌을 제거하려다가 도리어 왕위에서 쫓겨났다. 강
종은 1211년 12월에 왕이 되었다. 신종과 희종 부자가 왕위에 오르

는 동안 쥐 죽은 듯 살다가, 최충헌이 희종을 폐위하고 다시 옛 왕의 아들인 자신을 부르자 나온 것이다. 그러나 이때 강종의 나이 벌써 62세, 겨우 2년간 왕위에 있다 죽었다.

강종이 죽은 뒤, 강종의 맏아들 고종이 왕위를 이었다. 1213년 8월이었다. 고종은 68세로 죽기까지 46년간 재위하였다. 가장 길게 왕의 자리를 지켰으나, 대부분 무신 정권의 허수아비로 지낸 데다 몽골과 전쟁까지 치렀다. 고종은 13세기를 가장 처절하게 겪은 왕이었다.

몽골 전쟁이 시작되자 1232년, 수도를 강화도로 옮기자는 계책이 나왔다. 이때 최씨 정권의 집권자는 최충헌의 아들 최이였다. 김세충이라는 이가 최이에게, "개경은 태조 때부터 역대로 지켜 온 것이 무려 200여 년이 되었다. 성이 견고하고 군사와 양식이 족하니, 힘을 합하여 지키어서 사직을 호위해야 마땅할 것인데, 이를 버리고 가면 장차 도읍할 땅이 어디냐"고 따졌다가 죽임을 당하였다.

최이는 왕에게 속히 강화도로 향하라고 재촉하였다. 이때 백성을 섬이나 산성으로 옮겨 도시를 비우는, 이른바 소개疏開 작전도 시작되었다. 최씨 정권이 끝난 것은 1258년이다. 이듬해, 고종 또한 파란만장한 생애를 마감하였다. 고종은 최씨 정권과 그 운명을 같이한 셈이다.

1259년 6월, 고종의 맏아들 원종이 왕위에 올랐다. 15년간 왕위에 있었지만, 최씨 정권을 몰아낸 유경과 김인준에 의해 무신 정권은 여전히 이어졌다. 거기다 몽골과의 전쟁으로 나라 살림은 바닥나 말년에는 심지어 궁궐에서 쓸 물자까지 모자랐다. 어느 날은 왕이 저녁 식사를 거를 정도였다.

원종이 세상을 마칠 때에 "짐이 박덕으로 조종의 유업을 이어 지킨 지 15년이 되었다. 책임이 중하기 때문에 병이 더욱 심해져 왕위를 감당할 수가 없다"고 하였다.

무슨 병이었을까?

왕이 죽은 뒤 사신의 보고서에는 "왕이 세자가 되었을 때에 권신이 권세를 독차지하여 마음대로 불의한 짓을 하고, 몽골 군사는 해마다 경내를 위압하여 나라 안팎이 다 소란하였다. 왕이 친히 상국에 조회하여 권신의 발호하는 뜻을 꺾어, 마침내 그로 하여금 등창이 터져서 죽게 되었다"고 하였다.

등창. 왕의 병은 스트레스가 겹쳐 생긴 일종의 암이었던 것이다. 허울만 왕일 뿐, 신하는 제멋대로이고 외국 군대는 설치고 다니는 세월이 오죽했을까.

## 잘못된 구조의 희생자

13세기에 등장하는 마지막 왕이 충렬왕이다. 1274년 6월의 일이었다. 이때 전쟁은 끝이 났고 승자인 몽골의 본격적인 간섭기가 시작되었다. 그래서 태조나 광종처럼 '-조(종)'가 아닌 '-왕'으로 끝나는 시호 또한 이 왕부터 적용되었다.

충렬왕에 대해《고려사절요》에서는, "천성이 관대하여 기쁨과 노여움을 나타내지 않았으며, 어렸을 때에 오로지 학문에 뜻을 두고 글을 읽어 대의를 알았다. 그러나 놀이에 빠지고 여러 소인을 친근히 하였으며, 아들과 사이가 좋지 않았다"는 평가를 내렸다.

그래서 눈에 띄는 두 가지 사건이 있다.

왕의 병이 좀 차도가 있어서 천효사에 옮겨 거처하게 하였다. 왕이 먼저 행차하였는데, 공주가 모시고 따르는 사람이 적다고 하면서 노하여 돌아오니, 왕도 부득이하여 또한 따라 돌아왔다. 공주가 마중 나가 지팡이로 때렸다.　　　　《고려사절요》 충렬왕 3년(1277) 7월

여기서 공주란 충렬왕의 부인이다. 몽골 황제의 딸이라서 그렇게 부른다. 고려의 왕이 몽골 황제의 부마가 된 것을 무슨 자랑처럼 떠드는 이가 있지만, 실상 대국의 간섭을 상징적으로 보여 줄 뿐이다. 왕의 부인이 아닌 몽골 황실의 공주를 '모시고 사는 일'이 여간 까탈스럽지 않았다. 심지어 충렬왕은 아내에게 '매 맞는 남자'이기까지 했다.

그런 충렬왕이 마음을 붙인 것이 매사냥이었다. 도에 넘칠 정도여서 간곡히 말리는 신하의 충언이 이어졌지만, 어떤 잽싼 이는 왕의 취미를 이용해 권세를 얻어 내기도 했다.

사람을 보내어 동쪽 지역에서 매를 잡게 하였다. 윤수, 이정, 원

경, 박의가 그의 무리를 각 도에 나누어 보내 '착응별감'이라고 했는데, 그 수가 헤아릴 수 없을 만큼 많았다. 윤수는 매와 개로 왕의 사랑을 입어 응방을 관리하고 군부판서의 벼슬에까지 이르렀으며, 세력을 믿고 악한 짓을 못 하는 것이 없었다. 이때에 갑자기 병이 생겼는데 일어나 서서 주먹을 휘두르고 담벼락을 치면서 크게 외치기를 "여우, 토끼, 고라니, 사슴아, 어째서 내 살을 물어뜯느냐!" 하다가 마침내 죽었다.　　　　《고려사절요》 충렬왕 9년(1283) 3월

얼마나 많은 짐승을 죽였으면 죽은 짐승이 환상으로 나타나 괴롭혔을까. 윤수의 이런 악행이야 비난받아 마땅하지만, 악행으로 신임을 얻는 구조가 이 같은 분위기를 키웠다. 충렬왕이 원인 제공자였던 셈이다. 사실 충렬왕 또한 잘못된 구조 속의 희생자였다.

13세기는 그렇게 저물었고, 새로운 세기를 기다렸다.

# 백성, 청산별곡과 쌍화점의 시대

## 청산과 바다로 쫓기는 백성

무반이 세운 13세기 무신 정권은 고려에 새로운 분위기를 만들었다. 하지만 그 정권은 처음부터 끝까지 안정적이지 못했다. 특히 이 시기에 있었던 몽골과의 전쟁은 고려 사회를 혼란의 도가니로 몰아넣었다.

앞서 말했듯 노래는 시대의 격랑을 탄다. 특히 몽골 전쟁 기간 동안 벌어진 격랑을 노래가 놓칠 리 없었다. 대표적인 노래로 〈청산별곡〉이 있다. "살어리 살어리랏다. 청산에 살어리랏다"로 시작하는 〈청산별곡〉은 청산과 바다가 배경을 이루며 유유자적 여유롭게 들린다. 그러나 속내는 다르니, 다음과 같은 가사를 보자.

울어라 울어라, 새여.
자고 일어나 울어라, 새여.

너보다 시름 많은 나도
자고 일어나 울고 있노라.

갈던 사래 갈던 사래 본다.
믈 아래 갈던 사래 본다.
이끼 묻은 쟁기를 가지고
믈 아래 갈던 사래 본다.

노래하는 이는 '너보다 시름 많은' 내가 '이끼 묻은 쟁기'로 밭을 간다고 한다. '갈던 사래'의 사래는 밭을 뜻한다. 시름도 시름이지만 녹슬고 헌 기구로 농사를 지어야 하는 형편이 팍팍하다. 이는 누구인가? 아마도 어떤 개인 하나만 가리키지는 않을 듯하다. 무릇 몽골과의 전쟁에 지친 백성 모두의 모습일 것이다.

전쟁의 와중에 무신 정권은 결사항전의 하나로 소개 작전을 편다. 마을을 텅 비워서 점령한 적군의 보급이 원천적으로 불가능하게 만드는 작전이다. 소개 작전으로 백성은 산과 바다로 옮겨 가야 했다. 점령군의 낭패한 모습이 떠오르지만, 그보다는 피난길에서 백성이 당하는 고통이 만만하지 않았다. 굶주려 죽은 자가 매우 많아서 늙은이와 어린이가 길에서 죽었고, 심지어 걸리적거릴까 봐 아이를 나무에 붙잡아 매어 놓고 도망치기까지 했다는 기록이 《고려사절요》 고종 42년(1255) 3월 조에 실려 있다.

이 같은 시절에 나온 〈청산별곡〉을 그림 같은 풍경의 노래라고만 보기는 어렵다. 오히려 서정적인 아름다움 속에 전쟁의 고통을 숨겼다고 봐야 한다. 청산과 바다는 소개 작전으로 백성들이 피난 가사는 곳이다. 〈청산별곡〉은 전쟁의 와중에 전쟁을 뒤로 숨기고 노래한다. 그로 인해 겉으로는 평화롭게 보이는 장면이 전쟁의 참상을 더욱 비극적으로 드러내 준다.

고려라는 나라가 처음부터 이렇듯 참혹하지는 않았다. 제도와 그 운영 방법은 중국에서 받아왔으되, 초기의 고려는 매우 안정적이고 합리적으로 자신의 여건에 맞추어 잘 변형된 모범적인 사회상을 만들었다. 그 시절로 잠시 올라가 보자.

## 당당했던 고려 여인

전통을 말하면서 우리는 흔히 조선 시대에 머물러 시대를 더 멀리 거슬러 올라가지 않는다. 가족 관계를 말할 때 특히 그렇다. 그런 경우, 조선 시대와 달리 고려 시대 재혼한 여성의 당당한 모습은 당혹스러울 것이다.

공이 어려서 아버지를 여의었는데, 학문에 뜻을 두자 의붓아버지는 집이 가난하다는 이유로 다른 곳에 가서 공부하는 것을 허락하지 않고, 자기 아들과 함께 공부하도록 하였다. 그러나 공의 어머니가 그렇게 할 수 없다고 고집하며, "첩이 먹고사는 것 때문에 수절하지 못하였는데, 그 유복자가 지금 다행히 소년이 되어 학문에 뜻을 두니, 반드시 아이 아버지의 본도本徒에 붙여 유업을 잇게 해야 합니다. 만약 그렇게 하지 않는다면 내 어찌 지하에 있는 전 남편을 볼 수 있겠습니까?" 하고, 마침내 용단을 내렸다. 공이 정성껏 공부하여 천성을 따르고 몸가짐을 바르게 한 것은 곧 그 어머니가 전남편의 옛 업을 따른 때문이다. 〈이승장 묘지명〉에서

이 이야기의 주인공 이승장은 과거에 급제하여 벼슬이 감찰어사에까지 오른 사람이다. 그는 어린 시절 재가한 어머니를 따라 의붓 아버지와 함께 살았다. 여기서 우리는, 재가한 신분임에도 거침없이 '아버지의 본도에 붙여 유업을 잇게 해' 달라는 고려 시대 여성의 꿋꿋한 모습을 보게 된다. 본도란 이승장을 낳은 아버지의 집안을 이른다.

여성은 재가할 수 있었고, 전남편과 사이에 낳은 자녀를 데려가기까지 하였다. 나아가 그 자녀에게 똑같은 교육의 기회를 주어야 한다고 주장하는데, 이런 주장은 여성의 지위가 그만큼 보장되었기에 나올 수 있었을 것이다. 조선 시대와는 완연히 달랐다.

고려 사회 여성의 법적 지위는 일부일처 제도의 확립으로도 증명된다. 한때 학계에서는 고려가 일부다처제 사회였던 것처럼 말했다. 그러나 최근 들어 사료를 통해 좀 더 광범위하게 조사한 결과, 일부다처는 거의 전면적으로 부정되고 있다.

우리나라 법은 비록 임금 된 자라 하더라도 배필은 오직 정실 한 사람만을 얻을 수 있고, 나아가 첩이 없기 때문에 왕족의 자손이 번성하지 못합니다. 또한 나라가 비좁은 까닭에 신하로서 제후로 있는 자도 역시 많지 않은 데다, 장가드는 것도 부인 한 사람뿐이므로 자녀가 없거나, 있어도 많지 않을 따름입니다.

《고려사》 고종 19년(1232) 4월

이 글은 고려 정부가 몽골의 장군 살리타에게 보내는 편지 가운데 일부이다. 많은 공물과 함께 귀족층의 자녀 1천 명을 보내라는 요구에 답한 것이다. 왕으로부터 신하에 이르기까지 일부일처의 원칙을 지키고 있음을 명확히 하고 있다. 물론 여기에는 자녀를 보내지 않으려고 다소 빈말을 섞었을 수 있지만, 고려 사회가 일부일처 소가족으로 가족의 숫자가 적었음은 사실이다.

## 손변의 재판

당당했던 고려 사회 여성의 생활상에서 하나 더 들어 볼 것이 '상속'이다. 고려 사회의 여성은 부모의 재산 가운데 토지뿐만 아니라 노비까지 아들과 고르게 상속받았다. 법적 지위는 경제적인 배경을 갖추지 못하면 아무런 힘을 가지지 못한다. 이런 점에서 고려 여성은 실질적인 힘을 갖췄다.

모든 전정田丁의 계승은 적자가 없으면 적손으로 하고, 적손도 없으면 같은 어머니의 동생으로 하며, 같은 어머니가 낳은 동생도 없으면 첩의 아들로 하고, 남자 손이 없으면 딸로 하게 하였다.

《고려사》〈지〉 제38, 형법

이는 고려 초기인 정종 12년(1046)의 기록이다. 전정은 국가에 세금을 내고 개인이 경작하는 토지다. 세습이 되는 사유 재산이라고도 할 수 있는데, 그 상속에 관한 위의 규정에서 순서가 '적자-적손-같은 어머니의 형제-첩의 아들-딸'의 차례로 명기되어 있다. 순서에서 딸이 맨 아래다. 규정에 포함되었다고는 하나 현실적으로 딸에게 차례가 돌아오기는 힘들었다. 그러나 규정 속에 집어넣었다는 것만으로도 조선 시대와 다르다.

한편, 공을 세워 받은 토지와 노비는 균등하게 나누는 것을 원칙으로 하고 있다. 그런 사회 분위기를 반영하는 것인지, 국법과 관계없이도 부모의 재산은 똑같이 나눠야 한다는 생각이 고려 때는 일반적이었던 것 같다.

인종 때 문신인 이지저는 묘청의 반란을 물리치는 데 공을 세워 역사서에 이름이 올라가 있지만, 마지막은 "문장과 사업이 당시 으뜸이었으나, 다만 인색하여 아버지가 돌아가셨을 때 형제와 누이에게 재산을 나누어 주지 않았다"는 비난으로 마무리되고 있다. 여기서 특히 '누이'라는 말에 주목하게 된다.

재산이 아들과 딸에게 고루 나눠진 예를 들어보자.

손변이라는 사람이 경상도 안찰부사가 되었는데, 백성 중에 누나와 동생이 서로 소송을 걸어 왔다.

"다 같은 자식인데 어찌 누나만 홀로 부모의 재산을 차지하고 내 몫은 하나도 없어요?"

"아버지가 돌아가실 때 재산을 모두 내게 주셨다. 네 몫은 검은 옷 한 벌, 검은 관 하나, 미투리 한 켤레, 종이 한 권뿐이었다. 문서가 갖추어져 있으니 어찌 어기겠느냐."

소송은 몇 년이 지나도 해결되지 않았다. 손변이 두 사람을 불러 앞에 앉히고 말했다.

"아비가 죽었을 때 어미는 어디에 있었느냐?"

"먼저 죽었습니다."

"너희들은 그때 나이가 각각 몇 살이었느냐?"

"누나는 이미 가정이 있었고 저는 겨우 일고여덟 산 난 어린아이였습니다."

손변은 그 대답을 듣고 깨닫는 바가 있어 다음과 같이 말하였다.

"자식에 대한 부모의 마음은 고른 것인데, 어찌 나이 들어 가정을 가진 딸에게는 후하고 어미 없는 어린 아들에게는 박하겠느냐. 아이가 의지해야 할 사람이 누나뿐이니 만약 유산을 누나와 똑같이 나눠 준다면, 누나가 동생을 한결같이 사랑하고 잘 양육해 줄 것인지 걱정했을 것이다. 또한 나중에 아이가 성인이 되어, 이 종이를 써서 고소장을 만들고 검은 옷을 입고 검은 관을 쓰고 미투리를 신고서 관청에 알리면, 곧 그것을 밝혀 줄 사람이

있을 것이라고도 생각했을 것이다. 어린 아들에게 네 가지 물건
만 남긴 것은 이런 뜻이 담겼기 때문이다."

동생과 누나는 듣고 깨달은 바가 있어 서로 마주 보고 울었다.
마침내 손변은 그들에게 재산을 똑같이 나누어 주었다.

《고려사》〈열전〉 제15, 손변

이른바 '손변의 재판'이라고 부르는 유명한 사건이다. 누나가 차
지한 재산 전부를, 어린 동생이 성인이 된 다음에 손변의 현명한 판
단으로 사이좋게 나눠 갖게 된다는 이야기다. 이때 딸에게 재산을
전부 물려준 아버지의 깊은 뜻은 잠시 뒤에 살피기로 한다.

이 일은 내용을 조금씩 달리하는 설화로도 여러 가지 이본이 전
해진다. 이본 가운데는 위 기록에서 '문서가 갖추어져 있으니'라는
대목의, 아버지가 주었다는 문서의 구체적인 내용이 무엇인지 나오
는 것도 있다.

나이 70대에 아들을 낳은 아버지가 있었다. 워낙 노년이므로 자
기 아들인지 의심했다. 그래서 재산을 딸과 사위에게 물려주었다.
다만 딸에게 동생만은 거두어 키워 달라고 부탁한다. 그러면서 유
언으로 증명서를 써서 딸과 사위 그리고 아들에게 주었다.

七十生子非吾子我之財與之婿他人勿侵

이것을 토를 달아 읽으면 이렇다.

"칠십에 생자生子하니 비오자非吾子라. 아지재我之財를 여지서
與之婿하노니, 타인은 물침勿侵하라."

곧, 나이 70에 아들을 낳았으니 내 자식이 아니다. 내 재산을 사
위에게 주노니, 다른 사람은 침범하지 말라는 뜻이다.

나이 든 아버지는 아들이 친자식인지 의심했던 것이다. 재산은
전부 사위와 딸에게 주었다. 그러면서 아버지는 딸에게 아이는 동
생처럼 그저 먹여나 달라고 했다.

아들이 성인이 되었다. 아들은 정식으로 관청에 알려 재판을 받
았다. 관리는 아버지의 유언 내용을 다시 보았다. 그것은 구두점을
어디에 찍고 어떻게 토를 다느냐에 따라 해석이 달라졌다.

"칠십에 생자生子라도 비오자非吾子리오. 아지재我之財를 여지與
之하노니, 서婿는 타인이라, 물침勿侵하라."

곧, 나이 70에 낳은 아들이라도 어찌 내 아들이 아니겠느냐. 내
재산을 그(아들)에게 주노니, 사위는 타인이라, 침범하지 말라는 뜻
이다.

앞서 읽은 대로라면 재산은 사위의 몫인데, 이렇게 읽으면 아들
몫이 된다. 나이 칠십이라고 자식 못 낳을 법 없다. 관리는 재산을
남매가 나눠 갖도록 했다.


이 설화의 핵심은 문서의 내용에 있다. 한문은 구두를 어떻게 떼
어 읽느냐에 따라 뜻이 달라진다. 처음 해석에서 재산은 사위의 차

지였지만, 다음 해석은 사위가 거기 얼씬도 못 하게 만든다. 그런 반전 때문에 이야기가 재미있다.

그러니 처음으로 돌아가 아버지의 뜻을 헤아려 보자.

만약 아버지가 아들만 귀하게 여겨 재산을 아들에게 물려주었더라면, 심한 경우 재물을 노린 누나와 매형으로부터 죽임을 당할 수도 있었다. 생각이 깊은 아버지는 재산을 모두 출가한 딸에게 주면서, 해석을 달리할 수 있는 유언을 남겼다. 나중에 아들이 글을 깨치고 현명한 관리를 만난다면, 재산을 다시 찾을 수 있으리라 믿었던 것이다.

사실 이 이야기는 부모 없이 자라야 할 어린 아들을 무사히 지켜 낸 아버지의 지혜를 칭찬하는 것이다. 그러나 우리가 관심 갖는 바는, 고려 사회의 재산 균분이라는 배경에서, 조선 사회를 무대로 해서는 결코 나올 수 없는 인물 설정과 사건 전개에 있다. 곧 재산을 딸에게도 물려주거나, 아들과 딸이 고루 나눠 갖는 사회 제도를 가진 고려의 특성 말이다. 그런 특성이 없었다면 이런 이야기도 없다.

13세기의 한 지방관이 합리적으로 문제를 풀어 낸 배경에는 이렇듯 당시 사회의 특성이 그대로 살아 있다.

## 시대의 격랑, 무너지는 가족 제도

그런데 이런 고려 사회가 13세기 이후 무너지기 시작하였다. 몽골과 전란을 치른 다음 인구 또한 부쩍 줄어들어 큰 사회 문제가 되었다. 이를 타개하고자 일부일처의 원칙을 없애자는 주장이 나올 정도였다.

박유는 충렬왕 때 대부경에 임명되었다. ……박유가 상소에 이르기를, "우리나라는 본디 남자는 적고 여자가 많은데, 지금 법에는 신분의 고하를 막론하고 한 명의 아내만을 둘 뿐이고, 자식이 없는 사람도 감히 첩을 두지 못합니다. ……청하건대 대소 관료들에게 여러 명의 처를 취하게 하되 품계에 따라 조정하고, 평민에 이르기까지 한 명의 처와 한 명의 첩을 두도록 하며, 여러 명의 처가 낳은 아들도 적자와 같이 벼슬할 수 있도록 허락하여 주십시오. 이렇게 하면 과부와 홀아비가 없어지고 인구가 늘어날 것입니다" 라고 하였다. 부인들이 이 말을 듣고 원망하며 두려워하지 않는 자가 없었다. ……당시 재상들은 아내가 두려워 그 논의를 묵살하고 시행하지 않았다. 《고려사》〈열전〉 제19, 박유

전란 뒤 인구를 늘리기 위해 일부다처를 허용하자는 논의가 나왔다. 그러나 아내를 두려워하는 재상들은 꽁무니를 뺀다. 슬며시 웃음 나게 하는 장면이다. 이를 제안한 박유는 그 뒤 길거리에서 여성들에게 손가락질을 받기까지 한다.

이런 일이 벌어진 때는 충렬왕 원년(1274) 2월이었다. 몽골과의 전쟁이 끝나고 본격적인 간섭기가 시작되던 때였다. 전쟁을 겪으면

서 특히 남자가 많이 죽었고, 이 때문에 과부가 많아지고 인구가 줄어들었다. 그 해결책을 내놓는 박유의 충정은 지극하였지만, 뜻밖에 당시 재상들이 아내를 두려워해 시행되지 않았다. 혼란스런 시기에도 예외 없이 지켜질 만큼 일부일처제는 끈질긴 힘을 지녔던 것이다.

한편, 고려가 명백한 일부일처 사회였는지도 의심스럽기는 하다. 특히 처와 첩은 따로 구분하지 않고 함께 다처의 범주 속에 넣어야 하지 않을까. 호적이나 비문에 남기지 않고 숨긴 부인의 실상은 또 어떤가. 그렇다면 일부일처의 개념은 흔들릴 수 있다. 박유의 주장은 일부일처에서 일부다처로, 이미 그렇게 변해 가는 사회상을 암시하는 것은 아닐까 싶다.

《고려도경》에 "또 부잣집에서는 아내를 3, 4인씩 맞아들이며, 조금만 맞지 않아도 곧 이혼한다"는 기록이 있다. 이는 외국인의 눈으로 보고 적은 12세기 고려의 사회상이다. 한 외국인이 단 몇 달간 체류하며 적은 기행문이 《고려도경》임을 감안하더라도, 국법과는 달리 다처의 풍습이 엄존했을 가능성을 부인하지는 못한다.

그러나 그것이 사회 전반적인 분위기는 아니었고, 오히려 박유 같은 논의가 나올 때 여성의 항의와 반대가 강력했다는 데에서, 이 시기 여성의 위상이 어떠했는지 역으로 짐작할 수 있다. 그러나 혼란이 거듭되고 심해지자 여성의 지위 또한 점차 무너지는 상황으로 내몰리기도 했다.

사회의 혼란과 함께 일부일처제가 무너지는 것처럼, 고려의 가족

제도 또한 13세기에 와서 정상적인 길을 가지 못했다. 의로운 일이라 하여 그 의지대로 행동할 수 없는 것이 현실이다. 그리고 의지와 행동을 일치시키지 못하는 상황에서 나타나는 것이 바로 비극적 세계관이다. 아마도 다음과 같은 예는 13세기 사람의 비극적인 세계관을 가장 잘 보여 주는 것이리라.

김홍기는 상장군 조염경의 딸에게 장가들었는데, 시기하는 자의 참소를 받아 죽었다. 염경은 홍기가 죄 없이 죽은 것을 불쌍히 여겨 그를 위해 온 집안사람에게 채소를 먹게 하였다. 하루는 최이가 관료와 여러 장군에게 잔치를 베푼 자리에서 염경에게 물었다.
"무슨 까닭으로 고기를 먹지 않는가?"
"온 집안이 채식을 하기 때문입니다."
"내가 그것을 안다. 그대가 만약 다른 마음이 없다면 빨리 사위를 맞이하여라."
염경이 두려워 딸을 낭장 윤주보에게 시집보내려 하자, 딸이 울면서 말하였다.
"지아비가 죽은 지 며칠인데 갑자기 뜻을 빼앗고자 하십니까?"
그러나 염경은 강제로 시집보냈다. 《고려사》〈열전〉제16, 김홍기

최이의 수하였던 조염경이 사위를 잃고 딸을 재혼시키는 내용이다. 그런데 왠지 찜찜하다. 최이가 집권하던 때는 최씨 정권의 전성기였다. 그런 최이의 명령을 조염경은 결코 거역하지 못한다. 죽은

남편에 대한 의리를 지키려고 울면서 호소하는 딸의 입장은, 현실적인 선택을 바라는 아버지의 힘 앞에서 무너진다. 재혼하는 것은 정상이지만 재혼을 선택하지 않을 자유도 있다. 그런데 여기서는 권력의 강제가 끼어든다. 이것은 붕괴이다.

재혼만 아니라 이혼도 같은 문제점을 보여 준다. 이혼은 비극적 상황을 배경으로 삼는다. 출세나 부를 위해 조강지처를 버리고 이혼하기도 하는데, 그러지 않는 사례 또한 있다.

○ 손변은 그의 처가 서녀였기에 대성, 정조, 학사, 전고에 오를 수 없었다. 처가 변에게 "공께서 제가 천하기 때문에 유림의 영예로운 자리와 중요한 관직을 밟지 못하시니, 감히 바라옵건대, 저를 버리시고 다시 세족에게 장가드십시오"라고 말하였다. 변이 웃으면서 "자기 벼슬길을 위하여 30년 동안 같이 산 조강지처를 버릴 수는 없소. 하물며 자식이 있는데 어찌 그렇게 하겠소"라고 말하며, 끝내 듣지 않았다.　　　《고려사》〈열전〉 제15, 손변

○ 권수평은 대정을 거쳐 견룡에 임명되었으나, 집안이 보잘것없다며 벼슬을 사양하였다. 친구가 "이것은 영광된 등용이다. 처를 바꾸어 부를 얻는 자가 많은데, 네가 부잣집으로 다시 장가가려 한다면 누가 아내 될 여자를 주려 하지 않겠느냐" 하고 말하였다. 수평이 "빈부는 천명인데, 어찌 차마 20년 동안 함께 산 조강지처를 버리고 부잣집 딸을 아내로 구하겠느냐"라고 말하니, 친구가 부끄러워하며 그의 말을 따랐다.　　　《고려사》〈열전〉제15, 권수평

손변은 앞서 '손변의 재판' 이야기에서 나왔다. 권수평도 같은 시기의 이름난 선비이다. 두 사람 모두 좀 더 높은 지위를 얻으려면 처를 버리라고 권유받는다. 고려 시대에 이런 식의 이혼이 적지 않았음을 짐작하게 한다.

이럴 때 이혼은 일반적이고, 그것을 거부한 손변과 권수평이 도리어 특별한 사람이다. 그러므로 역사서에 실렸을 것이다. '처를 바꾸어 부를 얻는 자'가 나오는 것은 고려의 특이한 계급 제도 탓이기도 하지만, 그런 이들이 13세기 이후 급격히 늘어난 데는 사회적인 혼란이 한몫 했을 것이다. 혼란은 가족의 붕괴를 가져왔다. 붕괴의 가장 큰 피해자는 버림받는 여성이었다.

여성의 삶을 중심으로 살펴본 사회의 혼란상은 굳이 13세기에 국한되지 않는다. 그러나 오직 이 시기 고려인의 삶만 다른 시대와 완연히 다른 모습을 지니고 있었다. 그것은 13세기라는 시대의 격랑과 관련된다.

## 쌍화점의 나라

13세기는 이른바 몽골 전쟁의 시기였다. 오랜 전쟁 탓에 몽골의 풍습이 좋든 싫든 들어오는데, 이 또한 고려 사회를 변화시키는 주요한 요인이었다. 이것은 고려가 끝내 몽골에게 항복한 뒤에 더욱 강렬하게 밀려왔다.

쌍화점에 쌍화 사러 갔더니
회회아비 내 손목을 쥡니다.
이 말이 이 점 밖에 나고 들면
조그만 새끼 광대 네 말이라 하리라.

더러둥셩 다리러디러 다리러디러 다로러거디러 다로러.

그 잠자리에 나도 자러 가리라.
위위 다로러거디러 다로러.
그 잔 데같이 지저분한 곳이 없다.

이는 13, 14세기에 나왔을 것으로 추정하는 〈쌍화점〉의 첫 대목이다. 쌍화점 주인인 회회아비와 희롱하고, 그것이 밖에 알려질까 봐 걱정하는 척 즐기는 모습이 여실히 보인다. 이 시기의 가장 대표적인 불순한 노래이고, 그로 인해 조선 초에 와서는 남녀상열지사로 지탄받기도 했다. 그러나 이 노래는 시대의 분위기를 읽는 데 중요한 자료이다.

여기서 쌍화점은 만두가게, 회회아비는 페르시아 같은 서역 출신의 가게 주인이다. 몽골과의 전쟁이 끝난 후 고려는 몽골의 지배를 받는 기나긴 간섭기에 들어간다. 말이 간섭기지 사실은 식민지나 다름없었다. 나라의 모든 격이 한 등급씩 낮춰지거나, 왕비 또한 몽골의 공주가 자리 잡는 그런 시대였다.

회회아비는 공주를 따라온 이주민의 한 부류였을 것으로 보인다. 다만 서역인이 고려의 서울에 와서 만두 장사를 했다는 근거가 미약하므로, 회회아비는 서역인의 얼굴을 본뜬 가면과 관련된 사람, 곧 이 가면을 쓴 떠돌이 패의 우두머리로 보자는 견해도 있다.

어느 쪽이 되었건 13세기 고려의 수도 개경에는 이전에 보지 못하던 무리가 쏟아졌다. 그리고 그들에 의해 미풍양속을 저해하는 짓들이 저질러졌으며, 그것은 당시 사회 변화의 상징적인 사건이 되었다.

그렇듯 부정적인 측면이 강했다고는 하나, 외래 문명의 유입 속에서 고려인 스스로 자기가 누구인가를 돌아보게 한 계기가 되었으니, 그것은 그것 나름대로 의미가 있다. 도리어 이런 변화를 좀 더 적극 받아들였더라면, 14세기 이후 고려의 위상이 달라졌으리라 보는 견해도 있다.

13세기의 바람은 거셌다. 세계의 정복자 몽골이 일으킨 바람은 동방의 한 작은 도시를 휩쌌다. 이 시기를 정점으로 고려에는 시대의 성격을 달리하는 새로운 사회 문화적인 분위기가 열리기 시작했다. 〈쌍화점〉은 이를 부조리하게 보여 주는 노래이다.

# 시인, 있고 없거나 차고 비거나

## 두보, 있고 없음의 어긋남

13세기를 대표할 만한 한 인물을 소개하기 위해 좀 돌아가 보기로 한다. 먼저 중국 당나라 시인 두보의 〈달밤에 집의 아우들을 그리워하며 月夜憶舍弟〉를 읽는다.

전쟁터 북소리에 사람 자취는 끊기고, 기러기 날아가며 우는 소리만 들리는 가을 벌판에 시인은 서 있다. 이슬 내려 하얗게 덮이는 밤, 문득 눈 들어 보니 달이 내 고향에서도 저처럼 밝게 빛나리라 싶어 눈시울을 붉힌다. 그다음에 나오는 유명한 두 줄을 《두시언해》는 이렇게 번역했다.

있는 아우들이 다 흩어져 가니       有弟皆分散
집이 죽음과 삶을 물을 데가 없도다.     無家問死生

안녹산의 반란에 쫓겨 다니며 목숨 부지하기도 힘들던 시절, 두보와 그 집안의 처지가 고스란히 드러나는 구절이다.

이 두 줄을《두시언해》의 번역자는 글자 순서에 따라 충실하게 번역하였다. '있는 아우들이 다 흩어져' 간다는 첫째 줄도 그렇지만, 둘째 줄은 더 기계적이다. 하지만 이 부분은 한문에서 '유有'와 '무無'의 문법적 성격과 역할을 잘 알아야 극적으로 해석된다.

'유'와 '무'가 서술어(동사)로 쓰이면 그 뒤에 나오는 글자가 주어가 된다. 그것이 두 글자의 문법적인 성격과 역할이다. 본디 한문 문법은 주어+술어가 정상인데, 특이하게도 '유'와 '무'만 나오면 문장이 서술어+주어로 도치된다. 곧 '유제有弟'와 '무가無家'에서 유와 무가 서술어, 제와 가가 주어의 역할을 한다. 문장이 주어+서술어의 순서가 아니라 서술어+주어로 도치되기 때문이다.

그러므로 "······한 제(동생)는 유하고, ······한 가(집)는 무하다"라고 번역한다. 사실 이 또한 큰 주어는 생략된 것이고 작은 주어일 뿐이다. 큰 주어는 시인 자신이다. 그렇다면 다음과 같이 번역하게 된다.

(나에게는) 다 흩어져 간 아우들만 있고
생사를 물어볼 집은 없으니.                    송준호, 《우리 한시 살려 읽기》에서

유와 무를 확실히 술어의 자리에 놓았다. 그러자 뜻이 분명히 드러난다. '흩어져 간 아우'라는 사건은 있고, '생사를 물어볼 집'은 없다. 있고 없음이 어긋나 있다. 그러면서 시는 한 번 더 곱씹어 읽

게 한다. 곧 '흩어져 간 아우들'이라는 사건은 없어야 하는데 있고, '생사를 물어볼 집'은 있어야 하는데 없다. 없어야 할 것은 있고, 있어야 할 것은 없다. 있고 없음의 이중적인 이 기막힌 어긋남을 통해 시인의 노래는 한없이 비극적인 곳으로 달려간다.

시에서 이처럼 극적으로 쓰이는 글자를 일러 우리는 '시의 눈'이라 한다. 두보는 시의 눈에 더해 불교적인 의미의 변증법을 바탕에 깔았다. 있고 없음이 어긋날 때 우리는 슬프다. 그런데 거기서 한 발 더 나가 있어야 할 것은 없고, 없어야 할 것은 있는 이중의 어긋남은 슬픔을 극대화한다.

두보는 유교 바탕의 시인이었으나, 생각의 깊은 곳에 불교의 변증도 살려 놓았다.


## 이규보, 차고 빈 것의 슬픔

이제 13세기의 우리 시인과 시 한 편을 소개하겠다. 이규보의 〈샘 속의 달을 읊음詠井中月〉이라는 작품이다.


산에 사는 저 스님 달빛을 탐내
물과 함께 한 병 가득 긷고 있소만,
절에 가선 바야흐로 깨달으리라.
병 기울면 달빛조차 간 데 없음을.

어렵지 않은 글자로 정확히 운을 맞추고, '색즉시공 공즉시색'의 불교 논리를 완벽하게 소화하여 쓴 작품이다. 물이 차 있는 한 달빛은 남아 있으나(색), 병 속에 가득 찬 물을 쏟아 내면 달빛 또한 사라진다(공). 그러니 현상 세계에서는 있고 없음이 이렇듯 허망하다. 완벽한 공의 세계를 향한 치열한 싸움이 아닐 수 없다.

달빛을 사랑하는 스님이라면 벌써 그것으로 공의 생애를 충분히 실천한 분이다. 그런데 시인은 달빛조차 욕심이라 여긴다. 샘물에 비친 달빛을 색의 세계로 여길 정도이다.

아, 이런 철두철미, 그 밑에 깔린 생각의 넓이에 놀란다.

아울러 이규보라는 시인이 시를 형상화하는 수준 또한, 두보에 견주어 뒤지지 않아 혀를 내두를 만하다. 병에 길은 물의 찬 것과 빈 것에 따라 달빛이 담기고 사라지는 절묘한 비유는 공과 색의 논리를 시로 바꿔 놓은 것이다. 이는 두보의 시에서 있음과 없음의 어긋남이 가져다 준 슬픔과 견주게 한다.

물론 두보는 훨씬 현실적인 문제, 곧 전쟁과 이산으로 비롯된 삶의 고통을 노래하고 있다. 처절하다. 이규보가 달을 노래하는 것과는 상황이 다르다. 하지만 궁극적인 지점에서 두보의 있음과 없음은 이규보의 참과 빔으로 만난다. 세계를 이해하는 변증법적인 성찰인 것이다.

이규보는 두보 못지않게, 어쩌면 더 참혹한 전란의 소용돌이 속에서 살다 간 사람이다. 노래의 소재가 달랐을 뿐, 허망한 세상에 보내는 서러운 이야기 속 무게감은 다르지 않다. 이규보는 우리가 자랑해 마지않을 시인이다.


## 13세기의 문제 인물

이규보는 어떤 사람인가.

이규보는 1168년에 태어났다. 이해가 의종 22년이었는데, 그로부터 꼭 2년 뒤에 무신의 난이 터졌다. 결국 이규보도 전 생애를 무신 정권 아래서 살다 간 셈이다.

집안이 그다지 번성해 보이지 않는다. 그럴수록 글로 벼슬을 살고 집안을 일으켜야 할 형편이니, 태어나자마자 만난 시국의 비상사태가 그에게 결코 유리할 것이 없었다. 신분은 보잘것없으나 이규보 또한 문인의 한 사람이었기 때문이다.

글 쓰는 재주는 타고난 듯하였다. 벌써 아홉 살 때 시를 짓는 신동으로 알려졌다. 세 가지를 매우 좋아한다 하여 호를 삼혹호三酷好선생이라 했는데, 특히 술을 좋아하기로는 벌써 소년 때부터 그랬다. 술 자체를 좋아했는지, 시대의 울분을 술로 달랬는지 모르는 일이다. 하지만 자유분방한 성격에 과거 시험 같은 딱딱한 글은 마음에 차지 않아, 20대 초반까지 과거에는 합격하지 못하였다. 이는 무신 정권 초기의 혼란과도 관련이 있는 듯하다.

대신 강좌칠현 같은 이들이 이규보를 눈여겨보았다. 강좌칠현은 죽림고회라고도 하는 문인 그룹인데, 무신 정권의 와중에 자리를 잃고 현실 세계에 염증을 느낀 이인로, 오세재, 임춘 같은 문인들 일곱 명으로 구성되었다. 중국 진나라 때 노장 사상에 심취하여 시와 술을 벗 삼던 죽림칠현을 본뜬 것이다.

그들은 이규보에게 함께하자고 권했다. 그러나 이규보는 함께 어울리면서도 정작 동참 권유에는 완곡하게 거절하면서 이런 글을 보냈다.

"대나무 아래의 모임에 참여하는 영광을 차지하고서 술을 함께 마셔서 기쁘지만, 칠현 가운데 누가 씨앗에 구멍을 뚫을 사람인지 알수가 없다."

죽림칠현 가운데 인색한 사람 하나가 자기 집의 좋은 오얏 씨앗을 누가 가져다 심을까 염려해 씨앗에 모두 구멍을 뚫어 놓았다는 고사가 있다. 제 먹을 것 챙기기에 재빨랐던 이의 이중성이 보인다. 그와 마찬가지로 이규보는 강좌칠현에 모인 사람들의 이중성 또한 꿰뚫어 보고 있었다. 속으로는 벼슬길을 바라면서 겉으로 초월한 듯 살아가는 이들에게 보내는 야유이기도 했다.

이규보는 주위를 물리치고 자기만의 길을 걸었다. 백운거사를 자처하고 시를 지으며 장자 사상에 심취했다.

이규보가 새로운 역사의식을 갖추어 나가는 모습은 25세 때 지은 〈동명왕편〉에 드러난다. 지방을 돌다 개성에 돌아와 궁핍한 생활을 할 때였다. 우리 역사에 대한 지극한 자긍심과 함께 문란한 정치와 혼란한 사회를 보고 크게 각성한 결과가 시로 나온 것이다. 〈동명왕편〉은 민족 영웅 서사시로 오늘날의 평가 또한 극진하다.

비극적인 시대에 태어난 이규보는 혼란한 사회 속에서 듣기만 해도 가슴이 설레는 옛 영웅을 떠올린다. 앞선 시기 김부식이 버렸던 자료 더미 속에서 동명성왕 주몽을 만난 것이다. 그의 고백은 이렇게 시작한다.

"처음에는 믿을 수 없어서 귀신이고 환상이라 생각했는데, 세 번 거푸 탐독하고 나니 점차 그 근원에 이르게 되어, 환상이 아니고 성스러움이며 귀신이 아니고 신神이었다."

주몽의 실체가 환상이 아니며 성스러움이고, 귀신이 아니라 신이라는 선언. 이는 고구려가 다름 아닌 우리 민족사의 줄기에 오롯이 자리 잡고 있다는 사실과, 역경을 이겨 내는 슬기로운 왕의 모습을 통해 후손에게 자긍심을 심어 주자는 뜻을 품은 것이다. 이야말로 고구려의 역사를 우리의 것으로 자리매김하고 웅변한 일대 사건이었다.

그러나 시절은 젊은 이규보의 꿈을 넉넉히 품지 않았다. 한바탕 격랑의 시기가 지난 다음 이규보는 현실적인 길을 찾기로 하였다.

무신 정권은 최충헌에 이르러 안정기에 접어들었다. 최충헌이 이의민을 죽이고 실권을 잡은 것이 1196년, 이규보의 나이 28세 때였다. 이규보는 최충헌의 동향을 유심히 살폈으며, 그에게 자신의 능력을 보여 주기 위해 시문을 지어 보냈다. 최충헌이 그를 알아보고 등용한 것은 이규보 나이 32세 전후로 알려져 있다.

1207년 권보직한림으로 발탁되었고, 최충헌이 죽은 뒤 그의 아들 최이가 정권을 물려받은 다음에는 더욱 총애를 받아, 1220년 예부낭 중기거주지제고에 올랐고 국자좨주한림시강학사를 거쳐 1230년 판 위위시사를 지냈다. 한때 유배되기도 했지만 얼마 안 있어 복직되 었고, 1237년에는 수태보문하시랑평장사를 지냈다. 칠순을 바라보 는 나이에 벼슬은 전성기를 누린 것이다.

이규보의 이런 행적이 오늘날까지 논란을 불러일으킨다. 평론가 김현은 다음과 같이 말하였다.

이규보로 대표될 수 있는 무인 정권 하의 기능적 지식인은 권력 에 대한 아부를 유교적 이념으로 호도하며, 그것을 유교적 교양으 로 카무플라지(camouflage, 위장, 은폐)한다. 가장 강력한 정권 밑에 서 지식인들은 국수주의자가 되어 외적에 대한 항쟁 의식을 고취 하여 속으로는 권력자에게 시를 써 바치고 입신출세의 길을 간다. 그가 입신출세하는 한, 세계는 여하튼 태평성대다.

글 쓰는 재주를 팔아 출세한 이규보는, 한마디로 권력에 아부한 지조 없는 문인의 대표라는 평가이다.

역사학자 민영규의 입장은 여기서 더 나아간다. 강화도로 천도한 정권을 따라와 '화조월석(花朝月夕, 경치가 가장 아름다울 때)'을 읊조리는 그의 시는 "바다 건너 도살로부터 쫓기는 백성들의 아우성 따위는 설혹 그중에 한두 수 보인다 해도 그저 건성일 뿐, 문자상의 노름 이상의 것이 아니다" 하는 혹평이 그렇다.

'한두 수'란 이규보가 농민을 소재로 쓴 시를 두고 한 말일 것이다. 민영규는 그 정도는 건성이요 노름이라 일축해 버린다. 그와 반대되는 자리에 이런 견해가 있다.

무신 정권에서 벼슬을 하는 것을 주저해야 할 이유가 없었다. 기회가 오자 당당하게 나아가서 능력을 발휘할 수 있게 된 것을 자랑으로 여기고, 최씨 정권의 문인들 가운데 으뜸가는 위치를 차지했다. 그 점을 두고 이규보를 낮게 평가하려는 견해는 수긍하기 어렵다. 벼슬을 해서 생계를 넉넉하게 하자는 것은 당시에 누구에게나 공통된 바람이었다. 정권에 참여해 역사의 커다란 전환에 기여하고자 한 것이 잘못일 수 없다. 무신난이 중세 전기를 파괴한 데서 한 걸음 더 나아가 이규보는 중세 후기를 건설하는 방향을 제시했다.

국문학자 조동일의 평가이다. 선비는 독서하는 자요, 대부는 정치하는 자라는 일반적인 규준을 적용해 평가했다. 기용되고 안 되고가 문제이지, 기용된 이상 제가 지닌 능력을 발휘해야 한다는 전형적인 일반론이다. 그래서 이미 파괴된 중세 전기를 넘어 중세 후기를 건설하는 데 이규보가 기여했다는 것이다. 몽골 항쟁에 강한 영도력이 필요하다는 판단으로 정권에 협조했다고 보는 주장과 궤를 같이한다.

과연 그는 세상에 더없는 문인인가, 시대의 아부꾼인가.

이규보를 두고 내려지는 평가는 극단적이다. 그만큼 문제적 인물이었으며, 그만큼 13세기는 복잡다단한 시대였다.✿

## 증언자 일연

일연이 《삼국유사》에 쓴 신라의 이야기는 자신의 시대를 빗댄 것이다. 그것은 아름다움
인가 하면 고통이기도 하다. 이 세월을 어떻게 견디고 극복하려 했는가? 옛이야기 속의
아름다움과 고통이 그 답이었다. 《삼국유사》에는 그런 이야기들이 담겨 있다.

# 탄생, 거울과 파도

## 13세기의 증언자 일연

일연은 우리에게 13세기를 증언해 줄 사람이다.

일연이 태어난 1206년은 칭기즈 칸이 몽골을 통일하고 황제로 즉위한 해이다. 천하의 중심 국가라고 한껏 뽐내던 중국의 자존심을 여지없이 뭉그러뜨린 것이 변방의 칭기즈 칸과 그 후예이다. 그들은 몽골만 통일시키는 데 만족하지 않고 아시아에서 유럽의 한 부분까지 손아귀에 넣었으며, 급기야 중원을 차지하여 나라 이름마저 중국식인 '원'으로 고치고 야망의 끝을 달성하였다. 중국인으로서는 역사에서 처음 당하는 낭패의 극치였다.

그런 해에 태어난 일연은 그의 생애를 숙명적으로 몽골의 영향속에 살았다. 아니, 13세기의 고려 전체가 그랬고, 일연 또한 그 같은 시대의 흐름을 거스를 수 없었다. 이는 일연의 생애와 《삼국유사》를 읽으면서 결코 놓쳐서는 안 되는 부분이다. 개인은 누구나 전체에서 자유롭지 못하다.

객쩍은 이야기를 하나 붙여 본다.

나는 5·16 군사 쿠데타가 일어난 1961년에 태어났다. 쿠데타를 성공시키고 대통령까지 된 박정희는 1979년, 대통령의 자리에서 부하가 쏜 총에 맞아 죽었다. 그때 내 나이 열아홉이었다. 그러니까 나의 청소년기는 독재 권력자와 처음과 끝을 같이한 셈이다.

감수성 예민한 시기의 내 의식 속에 독재 권력의 획일성과 획일성이 주는 강제적인 안정감이 파고들었다. 군사 정권의 획일적인 통치가 막연히 싫었지만, 그렇다고 박정희를 비난하는 소리 또한 듣기 불편했다. 교육은 그만큼 무섭다.

철이 들 무렵 민주주의를 부르는 외침이 들렸고, 부조리한 세계를 깨려는 갈망이 생겨났다 해도, 참으로 어렵고 복잡하게 얽힌 시절이었다.

일연이 살다 간 13세기가 이와 닮았다. 무인 정권의 성격이나 몽골과의 전쟁이 그렇다. 앞서 이규보의 예처럼, 시대적 가치는 보는 사람마다 해석의 방향이 달랐다. 군부 독재가 도리어 20세기 한국에 민주주의의 가치를 일깨웠다면, 다른 한편 일연과 그 시대 사람은 몽골에 의해 재편되는 세계를 놀라워하며 지켜보았다. 얻어맞으면서 오히려 번쩍 눈이 뜨였다.

13세기는 마치 우리가 산 20세기의 선경험 같다. 13세기를 읽어 오늘의 교훈으로 삼아 마땅한 까닭이다.

# 맑은 거울, 휘몰아치는 파도

일연의 출생을 그의 비문은 다음과 같이 전해 준다.

어머니의 꿈에 둥근 해가 집 안으로 들어와 배에 쏘이는데, 무릇 사흘 밤이나 계속되어 태기가 있더니, 태화 병인년 6월 신유일에 태어났다. 나면서부터 준수하였으며 의표가 단정 풍만하고, 굳은 입에 소걸음과 호랑이 눈을 가지고 있었다.

태화는 금나라 장종의 연호이다. 병인년은 태화 6년, 곧 서기 1206년이고 이해 6월 신유일은 11일이다. 양력으로 치면 7월 25일이다. 태어난 곳은 압량, 곧 지금의 경북 경산이다.

아버지는 언필이고 어머니는 이 씨였는데, 아버지가 특별한 벼슬을 했던 것 같지는 않다. 나중에 일연이 국사까지 이르자 그 아버지는 좌복야에 추증되었다. 그다지 내세울 만한 가문은 아니었던 듯한데 그나마도 아버지가 일찍 세상을 떠나 어머니가 혼자 키웠다. 그의 신분과 더불어 어린 시절의 고생을 짐작할 만하다.

일연의 어머니는 일연을 낳기 전 태몽을 꾸었다. 어느 날 밝은 해가 집안으로 들어와 배에 비추기를 무릇 사흘, 그런 다음에 아이를 가졌고 일연을 낳았다.

이 같은 태몽은 대체적으로 특이한 인물의 출생담에서 으레 보이는 것이다. 하지만 그로 인해 처음 이름을 견명見明이라 한 데서 짐작하듯이, '세상의 빛'이 되라는 소박한 소망을 안고 태어났다고 보면 뜻이 깊다. 소걸음에 호랑이 눈을 가졌다는 데야 출신 성분이 무슨 문제인가.

그의 출신이 한미했음을 짐작할 구절은 또 있다. 일연 비문의 첫머리에 적힌 다음과 같은 글귀이다.

저 맑은 거울과 둔탁한 쇠가 원래 두 물건이 아니요, 휘몰아치는 파도와 고요한 호수가 함께 한 근원에서 나온다. 그러니 그 근본은 같으나 끝이 달라지는 것은, 연마하고 연마하지 않거나 움직이고 움직이지 않는 데 있을 따름이다.

비문은 당대의 문장가인 민지가 지었다. 뜨르르한 조상 이름이 나와야 할 대목인데, 그런 이름은 하나 안 보이고 웬 거울과 호수 타령이다. 둔탁한 쇠나 맑은 거울이나 같은 물질이고, 휘몰아치는 파도나 고요한 호수도 같은 물이다. 따라서 거울이며 호수는 끊임없이 '연마'한 데서 나왔을 뿐이다. 그러니 출신이 무슨 상관이랴. 일연이 바로 그런 사람이다.

그러나 뒤집어 생각해 보면, 처음 시작은 어쨌건 탁한 쇠요 휘몰아치는 파도처럼 아주 거칠고 미천하고 평범했다 하겠다. 일연은 이름 하나 댈 조상 없는 집안에서 태어났다. 다만 타고난 성품을 잘 계발하여 괄목할 만한 인물이 된 것이다.

일연은 준수하여 사람의 이목을 끌었다. 이 또한 비문에 나타난 표현이므로 어느 정도 미화되었다고 해도 의표가 단정한 데다 걸음

걸이가 소와 같고 눈은 호랑이와 같다고 한다. 보통은 아니었던 것 같다.

그에게는 어려서부터 세상 밖으로 벗어나고자 하는 뜻이 있었다.

## 제2의 고향 비슬산

일연이 수행 생활을 시작한 곳은 강원도 양양의 진전사이다. 1219년, 열세 살 어린 나이였다. 비문에는 "여러 사찰을 돌며 공부하는데 명성이 대단했다. 같은 도반들은 구산사선九山四選의 우두머리가 되리라 예상했다"고 적었다.

구산사선은 과거 시험의 승과에서 나온 말인 듯하다. 구산은 아홉 선문을, 사선은 승과의 선종선을 이른다고 하면, '구산사선의 우두머리'란 곧 과거 시험에 나가 장원 급제하리라는 말일 것이다. 고려의 승과는 승려로서 정식 직함을 받는 기준이었다.

드디어 21세, 산문에 든 지 여덟 해 만에 일연은 주위의 기대대로 승과에 수석 합격한다.

이보다 앞서 일연이 진전사에 와서 구족계(具足戒, 정식 승려가 될 때 받는 계율)를 받던 해, 최충헌이 죽고 아들 최이가 권력을 넘겨받았다. 6년 뒤 1225년, 몽골의 사신 저고여가 압록강 밖에서 피살되는 사건이 일어난다. 고려와 몽골은 단교하게 되고, 바야흐로 전쟁의 검은 구름이 끼기 시작하였다.

정치적으로 이렇듯 암울한 시기였으나 불교계는 중흥을 맞이한다. 수선사의 지눌과 그를 잇는 혜심이 나와 불가에 새바람을 일으켰다. 지눌과 혜심은 혼란스러운 사회에서 불교가 백성에게 희망을 줄 수 있는 종교가 되어야 한다고 생각했다.

일연은 승과에 합격하고 난 다음 강원도를 떠났다. 성년이 된 일연의 발걸음이 이른 곳은 지금의 대구 비슬산이다. 비슬산은 일연 당시에 포산이라고 불렸는데, 그 이전에는 소슬산이라고도 했다. 정상이 1천 미터가 넘으며 청도군, 달성군, 경산시를 나눌 만큼 덩치 큰 산이다. 일연의 고향 압량에서 가까운 산이기도 하였다.

일연은 일생 동안 두 차례에 걸쳐 이 산에 거처했다. 21세에 시작하여 43세에 남해 정림사로 옮겨갈 때까지가 첫 '포산(비슬산) 시절'이요, 57세에 비슬산 아래 인흥사에 거처하다가 71세에 청도 운문사로 옮겨가기까지가 두 번째 포산 시절이다. 도합 33년여 일연은 이 산을 중심으로 활동한 셈이다.

승려가 되어 보낸 햇수가 70년, 그는 구도의 발걸음 가운데 거의 절반을 이 산에다 남겼다. 일연의 생애에 이 산을 빼놓을 수 없다.

오랫동안 거처했다는 사실 말고도 비슬산이 중요한 의미를 띠는 이유가 있다. 그것은 바로 이 산에서 그가 선승으로 큰 깨침을 경험했다는 사실이다. 승과에 나아가 장원 급제했다는 세속적인 판단 기준보다, 불가에서 훨씬 중요시하는 '득도'의 체험을 일연은 이 산에 든 지 10년 만에 한 것이다.

일연이 처음 비슬산에 이르러 머문 곳을 비문에서는 보당암이라

했다. 이 암자의 정확한 위치를 지금은 알 수 없다. 한때 이 산 여기 저기 헤아릴 수 없이 많았다는 암자 가운데 어느 하나였을 것으로 짐작할 뿐이다.

여기서 일연은 '심존선관心存禪觀'했다.

심존선관. 마음을 모아 그윽이 자신을 바라본다는 뜻이다. 참선 에 든 것이다.

불승으로서 기초 공부를 진전사에서 마치고 왔다면, 이제 본격적 인 선승의 수도를 여기에서 시작하였다. 일연에게 비슬산은 거처의 중심점이었다. 33년여 동안 일연은 이곳을 거점 삼아 주변을 두루 돌아다녔다. 가는 곳마다 듣고 본 이야기는 나중에《삼국유사》의 편찬 자료가 되었다.

일연에게 비슬산은 제2의 고향이었다.

# 성장, 전쟁의 와중에서

## 온 세상이 꿈과 같고

일연이 29세 되던 해인 1235년, 몽골군은 대대적으로 고려를 침공했다. 몽골의 3차 침입이었다.

몽골과는 1231년부터 전쟁을 벌였지만, 이때는 1232년 2차 침입이후 얼마간 소강상태에 들어갔던 끝 무렵이었다. 이미 1차 침입이후 곧바로 최씨 정권의 최이는 왕을 위협하여 수도를 강화도로 옮겨 놓았다.

몽골의 3차 침입은 고려에 막대한 피해를 입혔다. 간헐적인 침략으로 고려 조정을 괴롭히던 몽골은 강화 천도를 두고 고려가 항복할 뜻이 없다고 보고 전면 공격을 해 왔던 것이다. 더욱이 2차 침입에서 몽골은 지휘관인 살리타가 고려의 김윤후에게 사살되며 큰 타격을 입었기에 단단히 보복을 별렀다. 대구 부인사에 보관 중이던 대장경과 경주 황룡사의 구층탑이 불탄 것도 이때 일이다.

일연은 참혹한 전쟁을 지켜보며, 아무것도 못 하고 피난 다녀야 했다. 전쟁이 계속되는 동안 나라를 지키려는 온갖 노력이 그치지 않았고, 승려 또한 예외는 아니었다. 큰 절에서는 승려만 모아 승병을 조직하고 용감하게 싸우기도 했다. 일연이 그 같은 시도를 했다는 자취는 없다. 이 같은 일연의 행적을 두고 곱지 않은 눈길을 보내는 사람도 있었다. 그러나 어쩌면 일연은 수행과 정진에 자신의 사명을 걸었는지도 모른다.

이해 가을, 일연은 비슬산 보당암에서 '문수오자주文殊伍字呪'를 부르며 감응 있기를 기다렸다. 문수오자주란 문수보살의 감응이 있기를 바라며 외우는, 다섯 글자로 이루어진 주문이다. 이 무렵 일연이 문수신앙에 크게 기울어 있음을 알 수 있지만, 대체로 문수보살은 깨달음의 출발점에서 만나는 보살이기에 굳이 일연만이 문수보살을 특별히 찾았다고 할 수는 없다. 수행의 자연스러운 과정으로 보인다.

이때 몽골군은 경상도 전역을 휘젓고 다녔다.

민간인은 물론 승려도 신변의 위협을 느끼기는 마찬가지였다. 그럴수록 일연의 기도는 치열했을 것이다. 수행이 이미 목숨을 건 일이거늘, 하물며 전쟁의 와중에서랴. 과연 그 기도에 감응하여, 벽 사이에서 문수보살이 홀연히 나타나, "무주(無住, 머무를 곳이 없음)에 거하라"고 일러 주었다.

멋진 말씀이라 일연은 생각했다. 인생은 나그넷길, 곧 세상이 무주한 곳 아닌가.

그러나 일연이 이 말의 뜻을 알게 된 것은 그다음 해 여름이었다. 곧 1236년으로, 비문에서는 "다시 이 산의 묘문암에 거처하였다. 암자의 북쪽에 절이 있어 무주라 하는데, 스님이 이에 옛 기억을 되살려 이 암자에 거처하였다"고 적고 있다. 이로 본다면 일연은 처음에 문수보살의 현신을 만나 '무주에 거하라'는 지시를 받았지만, 해가 바뀌도록 그것이 무주암을 가리키는 것인 줄 몰랐다는 말이 된다. '무주'라는, '머물 곳 없다'는 말의 어떤 불교적 의미에만 매달렸던 듯하다.

달을 가리키는데 손가락만 본다? 아니다. 손가락을 봐 달라는데 달만 본 셈이다. '무주'에 골몰하여 해를 넘기고, '다시 이 산에 들어' 일연은 묘문암에서 그 북쪽에 무주암이 있는 것을 알았다. '무주'가 다름 아닌 무주암을 가리킨다는 사실!

아, 깨달음에 눈이 먼 한 젊은 구도자의 당혹스러운 표정이 눈에 선하다. 깨달음은 사실 현실적인 것이다. 비슬산에 워낙 많은 암자가 있었던 탓이기도 했겠다.

여하튼 이 산에서도 무주암은 지리적으로 전란을 피할 만한 곳이었던 듯하다. 문수보살의 계시로 찾아든 암자이니, 어떤 영감이 그에게 스쳤음에 분명하다. 전란의 칼바람이 언제 닥칠지 모르는 위기감 속에서도 일연은 '생계는 줄지 않고 불계는 늘지 않는다生界不減 佛界不增'는 화두를 놓고 정진에 들어갔다. 이 화두는 불교의 요체에 관련되는 매우 뜻깊은 것이고, 불경 가운데 가장 짧으면서 핵심인《반야심경》의 중요 구절이다.

드디어 하루는 활짝 핀 깨달음이 왔다. 일연은 선포하였다.

"내가 오늘 삼계三界가 환몽과 같고, 대지에 실오라기 하나만큼의
장애도 없음을 보았노라."

좀 더 쉽게 풀어 보자. 내가 오늘 온 세상이 꿈과 같고, 대지에 실
오라기 하나만큼 거치적거림도 없음을 보았노라……. 세상이 꿈만
같으며, 그런 세상에 사는 일생이기에 거치적거릴 일 없이 살아갈
수 있겠노라는 감격적인 선언이다.

일연이 30세 되던 1236년의 일이고, 이로써 선승으로서 깨달음
의 순간을 얻는 극적인 순간이기도 하다. 득도의 체험이었다.

이듬해 일연은 삼중대사가 되었다.

## 정안과의 만남

일연의 생애에서 가장 중대한 전환은 그의 나이 43세, 거처를 지
금의 경남 남해로 옮기면서 일어난다. 열세 살에 산문에 들어 스물
한 살 나이로 승과에 합격한 다음 비슬산에 거처를 마련하지만, 일
연은 거기서 스무 해가 넘도록 공식적인 세상 출입이란 것을 한 번
도 하지 않았다. 그런 일연이 처음 직책을 얻어 나간 곳이 남해이다.
그래서 이때를 중대한 전환이라 보는 것이다.

일연은 이곳에서 정안이라는 사람과 운명적으로 만난다. 그 같은 사실을 보여 주는 비문의 기록은 다음과 같다.

을유년(1249), 상국 정안이 남해에 있는 자기 개인 집을 내놓아 절을 만들고 정림사라 하였다. 그리고 스님을 청하여 그곳에 머무르게 하였다.

정안은 누구인가? 경남 하동이 본관인 정안의 집안은 할아버지 정세유 때부터 중앙 정계에 진출해 최씨 정권과 가깝게 지냈다. 최충헌이 진주 출신인 점과 맥이 닿는다. 아버지 정숙첨은 최충헌의 아들인 최이를 사위로 삼을 정도였다. 그러니 정안과 최이는 처남 매부 사이였다.

정세유와 정숙첨이 재산을 불리고 권세를 탐했던 인물이었다면 정안은 다소 그 성향이 달랐다. 비록 집안 배경을 업어 출세했지만 개인의 능력 또한 출중했다.

정안은 총명하고 영리하여 젊어서 과거에 급제하였으며 음양, 산술, 의약, 음률에 모두 정통하였다. 정안이 진양의 원님으로 나갔다가 어머니가 늙었음을 이유로 사직하고 하동으로 돌아와서 어머니를 봉양하였다. 최이가 그의 재능을 아껴 국왕에게 아뢰어 국자좨주 벼슬을 내렸다. 그러나 정안은 최이가 권세를 함부로 휘두르고 남을 시기하는 것을 보고, 장차 해를 피하기 위해 남해로 물러가 살았다. 불교에 심취하여 좋은 산과 이름난 절을 찾아다니고, 사재를 내어 대장경을 간행하는 비용을 정부와 약속하여 절반씩 부담하였다. 《고려사》 〈열전〉 제13, 정안

이 기록에서 정안이 국자좨주에서 물러나 남해에 온 사실을 알수 있다. 남해에서 정안은 정림사를 만들고 일연을 불러들인다. 표면적으로는 현실 정치의 고단함에서 벗어나 보신을 꾀하기 위함이지만, 개인적으로 불교에 심취한 측면도 무시 못 할 터이다. 최씨 정권의 주도로 한창 진행 중이던 대장경 판각 경비의 절반을 정안이 댈 정도였다고 하니, 재력을 떠나 신심에서 나온 실천이 어느 정도였는지 알 만하다. 이런 일이 혼란한 중앙 정계에서 벼슬살이 하는 것보다 훨씬 그를 행복하게 했던 것이다.

그런 정안이 자신이 세운 절에 일연을 불렀다. 일연에게 이 일은 일생의 방향을 바꿔 놓았다. 일연은 정안을 통해 중앙 정계에 이름이 알려졌으며, 정안의 후원으로 진행되던 대장경 판각의 현장을 보았다.

몽골 전쟁 동안 불교의 힘으로 난관을 타개하려 시작한 대장경간행 사업이 완결된 것은 1251년, 일연이 정림사로 내려온 이태 뒤의 일이다. 물론 일연이 대장경 판각에 관여했다는 직접적인 기록은 찾을 수 없다. 그러나 "선정을 닦는 여가에 두루 대장경을 열람했다"는 비문의 기록이며, 《삼국유사》 곳곳에 대장경에 관련된 소식을 놓치지 않고 기록한 점을 주목해 보면, 대장경에 관한 일연의

식견과 관심은 이때 남해에서 길러지지 않았나 싶다.


## 한가로움이 한가로움을 빼앗고 🦌

정림사에서 일연의 생활은 5, 6년 지속되었다. 그러나 시시각각
으로 변하는 정국의 혼란은 그를 편하게 두지 못하였다. 일연의 개
인적인 후원자로서 역할을 해 온 정안의 운명이 곧 그의 운명이었
던 것이다.


> 최항이 정권을 잡은 다음 정안을 불러서 지문하성을 시켰다가
> 참지정사로 올렸다. ……최항은 평소에 정안과 사이가 좋지 않았
> 다. 그러나 인망을 얻기 위하여 겉으로는 예의를 차리면서 속으로
> 는 시기하고 있었는데…… 드디어 정안의 집을 몰수하고 백령도
> 로 귀양을 보내었다가, 곧이어 바로 사람을 보내 바다에 빠뜨려 죽
> 였다.　　　　　　　　　　　　《고려사》 〈열전〉 제13, 최항

정안이 일연을 정림사로 불러들인 그해, 최이는 정권을 아들 최
항에게 물려주고 죽는다. 관계로 보자면 최항은 정안에게 외조카이
다. 그러나 최항은 최이의 부인, 곧 정안의 누이에게서 낳은 아들이
아니라, 최이가 가까이하던 기생과 사이에 태어났으므로 정안과 차
라리 남보다 더 껄끄러운 관계였다고 보아야 맞다. 최항의 집권 후

정안이 신변의 위협을 느낀 것은 이 때문이다.

정안은 이미 남해로의 귀향을 택하였다. 그런데 최항은 굳이 그를 불러올린다. 정안은 위협을 느꼈지만, 최항은 최항대로 정안이 멀리 떨어져 있는 것이 불안하였다. 그리고 그다음은 앞서 든 인용과 같다. 정안은 최항에게 죽임을 당한다.

기록에는 정안의 유배와 죽은 때를 어디에도 남겨 놓지 않았다. 그런데 일연의 남해 시절을 전하는 다음 기록에서 정안의 죽음을 추측할 단서가 나온다.

> 마음속으로 이르기를, "다행히 인연을 만나면 반드시 손질을 하리라" 하였으나, 세상이 여러 어려움에 처하여 품은 뜻을 펼치지 못하였다. 그러다 병진년 여름을 넘기면서 윤산 길상암에 주석하게 되었는데, 잠시 한가로운 시간을 얻어서 옛 책의 삼가어구三家語句를 가지고 힘써 검열을 하게 되었다.
>
> 일연, 《중편 조동오위重編 曹洞五位》 서문

윤산은 남해의 옛 이름이다. 여기서 일연은 그동안 꼭 해야겠다고 마음먹었던 일을 하나 실천에 옮겼는데, 바로 《중편 조동오위》라는 책을 쓰는 것이었다. 병진년, 곧 1256년이면 일연의 50세 때로 그는 길상암에 살면서 한가한 시간을 얻자 평소 꿈꾸어 오던 일을 해낸다. 《중편 조동오위》는 중국에서 시작한 '조동종'이라는 산문의 역사와 중요한 설법을 정리한 것인데, 우리나라에 소개되면서 잘못 쓰인 부분을 일연이 일일이 찾아 고치고 새롭게 해석한 것이다. 동아시아 불교사에서 매우 중요한 위치를 차지한다.

《중편 조동오위》는 일연 비문의 저작 목록에도 나타난다. 책의 서문에 나온 "병진년에 한가로운 시간을 얻었다"는 저 대목에는, 일연이 후견인을 잃은 일, 곧 정안의 죽음이 암시되어 있다. 이로써 정안이 죽은 해를 병진년 무렵으로 추정할 수 있다. 정안이 최항에게 재산을 빼앗기고 목숨을 잃자 그의 후원을 받던 정림사도 문을 닫았다면, 일연 또한 거처를 옮겨야 하지 않았을까? 일연은 정림사에 7년 남짓 머물렀고, 정안과 그 정도 교분을 나누었다. 그리고 옮긴 곳이 바로 길상암이다.

정안의 후원을 받는 기간 동안 일연은 가장 첨예한 권력 싸움을 보면서 정치적 부침의 부질없음과 허망함을 느낀다. 정안을 죽인 최항도 일연이 길상암으로 옮기던 해로 추정되는 다음 해에 죽었고, 그를 계승한 최의마저 1년 만에 반란군에게 죽임을 당한다.

책은 네 해 정도 걸려 중통 원년, 곧 1260년에 간행되었다. 이 책을 간행한 이듬해 일연은 강화로 옮긴 정부의 부름을 받고 강화도 선월사로 가게 된다. 일연의 또 다른 세계가 열렸다. 그의 나이 55세, 《중편 조동오위》가 세상에 알려지면서 일어난 일로 추정한다.

한가로운 시간이 《중편 조동오위》를 낳았다면, 《중편 조동오위》가 한가로운 시간을 빼앗았다. '한가로운 시간'의 역설이다.

# 국사, 나라의 스승

## 국사의 자리에 오른 일연

일연이 정림사를 떠난 것은 그가 50세 되던 1256년 무렵으로 짐작된다. 후원자인 정안이 죽자 이 절 또한 같은 운명이었음을 앞서 밝혔다. 그 뒤 남해 길상암 같은 곳에 거처하였다는 기록이 확인되지만 실은 '한가로운' 떠돌이 신세였다. 세력도 기반도 없었다. 그러나 정안의 눈에 들었던 것처럼, 쉰을 넘겨 서서히 그의 이름은 알 만한 이의 입에 오르내렸다.《중편 조동오위》같은 묵직한 저술 때문이었을 것이다.

1258년 최씨 정권의 막이 내렸다. 이 정권을 도왔던 많은 승려가 빠져나가고, 새로운 인물을 필요로 하는 상황이 벌어졌다. 그래서일까, 비문에 따르면 일연은 53세인 1259년에 대선사에 오른다. 선종 최고의, 왕사나 국사가 될 자격이 주어지는 법계였다. 무척 빠른 승진이었다. 그러나 정작 국사가 된 것은 그로부터 25년이 지난 다음이다.

이사이 일연에게는 많은 일이 있었다. 왕이 불러 강화도의 임시 수도에도 가 보고, 경상도 일대의 사찰을 두루 돌며 견문을 넓혔다. 그러면서 어느덧 고려 불교를 대표하는 중견 승려의 반열에 올라갔다.

일연이 강화도에 간 것은 55세 때였다. 하지만 일연 자신은 수도 생활이 즐겁지도 보람차지도 않았던 것 같다. 다행히 그의 자리에 오고 싶어 하는 승려는 많았고, 그 핑계를 대고 자리에서 물러나 고향으로 돌아갈 수 있었다. 일연은 큰 허울이라도 벗은 듯 가벼운 심정으로 발길을 남쪽으로 돌렸다. 머문 기간은 고작 3년이었다.

일연이 58세에 간 곳은 경상도 포항에 있는 오어사였다. 만년의 일연의 생애가 시작하는 곳이었다. 오어사는 깊은 산골짝에 자리 잡은 아주 작고 아름다운 절이었는데, 그의 취향에 맞는 이 행복한 시절은 그리 오래 가지 못했다. 이미 이름이 상당히 알려져 이곳저곳에서 오라는 주문이 많았던 것이다. 그 가운데 하나가 비슬산 아래 인흥사였다.

마지막 거처로는 경상도 청도의 운문사를 택했다. 비문에는 그것이 왕명에 의한 것이었다고 말한다.

충렬왕이 즉위한 4년인 정축년에 운문사로 불러 머물게 하자 현풍(玄風, 깊고 그윽한 풍취)을 드날렸다. 왕은 날이 갈수록 스님에게 관심을 기울여 시를 지어 부쳤다.

심오한 뜻을 전함에 어찌 옷을 걸을 필요가 있겠는가.
좋은 땅에서 만나 부르매 또한 기이하도다.
그대를 궐 아래 맞아들이고자 하나
스님은 어찌 흰 구름 나뭇가지에 길이 애태우는가.

정축년이라면 1277년이다. 왕의 명령도 명령이지만 이미 일연의
나이 72세, 선문에서는 최고의 지위에 올라 있었고 어느 모로 보나
여생을 정리할 시기이다. 그 무렵 운문사를 택한 것도 그런 의미를
가진다. 게다가 고향 가까운 곳이었다. 충렬왕이 아무리 손 닿을 수
없는 '나뭇가지 위 흰 구름'에 애태워해도 어쩔 수 없었다.

그런데 충렬왕 8년, 그러니까 일연이 76세가 되던 1282년, 왕은
개성으로 그를 불러올렸다. 그리고 이듬해 국사로 책봉하면서 다음
과 같이 말했다.

"지금 운문 화상은 도와 덕이 매우 높아 사람들이 모두 우러르는
바다. 어찌 나 혼자 혜택을 받으리오. 마땅히 한 나라와 더불어 함
께하여야 할 것이다."

운문 화상이란 일연이 개성으로 오기 전 운문사에서 거처하였기
때문에 불린 이름이다. 일연은 세 번을 고사하였으나 왕명은 거두
어지지 않았다. 일연은 국존, 곧 국사에 책봉되고 그에게는 원경충
조圓徑沖照라는 호가 내렸다. 13세기의 증언자 일연은 그렇게 국사
의 자리에 올랐다.

그러나 당시 13세기의 고려는 전쟁과 상처뿐인 땅이었다. 그런

나라에서 1283년, 일연은 국사에 책봉되었다. 고통과 상처투성이 나라의 정신적 지도자가 된 것이다.

## 삼국유사를 남기고 떠나다

무엇을 할 것인가. 무엇으로 이 백성에게 희망과 위로를 줄 것인가. 땅에서 넘어진 자, 그 땅을 짚고 일어난다 했다. 짚을 땅은 어떻게 생겼더란 말인가. 뿌리와 줄기와 가지는 어떤 모양인가.

일연은 묻고 또 묻지 않을 수 없었다.

이 수많은 질문과 답변을 일연은 《삼국유사》 안에 고스란히 집어넣었다. 평생의 경험과 사유, 그리고 이곳저곳에서 모은 자료를 가지고, 어느 연구자의 말처럼 "역사관 시정의 방향을 제시하는 데 그치지 않고, 보태고 고치고 읽어 새로운 가능성을 찾도록" 만들었다. 시기적으로 일연 생애의 마지막 일이 《삼국유사》의 편찬이었다.

이에 앞서 일연은 인흥사에 있으면서 〈역대연표〉를 만들었다. 《삼국유사》 기술의 디딤돌이자 예비 작업이었다. 이 연표는 일연이 운문사로 옮긴 이듬해에 간행한 것으로 추정된다. 준비는 인흥사에서 했지만 마무리는 운문사에서 한 셈이다. 이런 점이 일연의 운문사 시절, 《삼국유사》 편찬을 시작했다는 사실을 뒷받침해 준다.

국사에 임명된 승려는 몇 년간의 임무를 마치고 은퇴한다. 은퇴하여 머무는 절을 하산소라 불렀다. 일연은 국사로 임명된 바로 그

해에 하산을 청하는데, 하산을 그토록 빠른 시간에, 그것도 본인이 청했다는 점에서 무척 남달랐다. 일연은 하산소로 운문사가 아닌, 경상도 군위의 인각사를 정한다. 그해가 1284년이다. 일연의 나이 78세 때이다.

인각사는 지금은 한적한 시골의 작은 절이다. 그러나 국사인 일연의 하산소였던 시절의 인각사는 사뭇 달랐다. 세상을 떠나기까지 머문 5년간, 80대 고령인 일연은 이곳에서 두 번이나 구산문도회를 열었다. 구산문도회란 지금 식으로 쉽게 말하자면 전국 승려 대회였다. 번잡한 일은 마다했지만, 정진 수행의 기회를 마련하는 데에는 앞장섰던 것으로 보인다.

그러나 이 시절 무엇보다 가장 중요한 일은 《삼국유사》의 마무리였다. 사실 《삼국유사》는 이 절에서만 쓰지 않았다. 이미 운문사에서부터 시작했다. 아니, 평생 동안 그가 다닌 곳마다 조사하고 전해 들은 이야기를 조금씩 써 두었으니, 《삼국유사》를 군이 어느 절에서 썼다는 말은 있을 수 없다. 다만 마무리한 곳이 인각사라고 해 두자.

이렇게 인각사에서 지낸 지 5년째.

일연은 83세 생일을 앞둔 1289년 6월에 병을 앓았다. 음력 6월은 한창 더운 여름이다. 나이도 많은 데다, 날씨도 유난히 더워 기력이 많이 떨어졌다. 일연은 문득 죽음을 예감했다.

"마침 선사가 와서 노승의 내일 일을 보는구나."

7월 7일 밤, 일연은 제자들을 불러 모은 자리에서 입을 열었다. 그러나 제자들은 이 말이 무슨 뜻인지 선뜻 알아채지 못했다. 스승과

제자 사이에 여러 차례 문답이 오갔다. 일연은 살며시 미소 지으며 마지막으로 말했다.

"뒷날에 돌아오면 다시 여러분과 더불어 거듭 한바탕 흥겹게 놀 겠소."

그리고 문득 자리에서 내려 방으로 들어가 다시 작은 선상에 앉 았다. 지긋이 미소 띠며 조금 있다 손가락으로 기도하는 모양을 해 보이고 일연은 조용히 숨을 거두었다.

나중에 제자들 말에 따르면, "그때 오색의 빛이 방 뒤로 일어서는 데, 곧기가 마치 그 끝을 매달아 놓은 듯하고, 빛나기가 불타는 빛 같 았다. 그리고 위로는 흰 구름이 마치 지붕처럼 덮였다. 하늘을 가리 키며 가는데, 때는 가을 더위가 심하였지만, 얼굴 모습은 선명하고 희며 몸에는 밝은 윤기가 흘렀다. 앉고 일어서는 것이 마치 살아 있 는 것 같아, 이를 바라보는 자가 담처럼 둘러섰다"고 한다.

향년 83세, 승려가 된 다음의 나이는 70세였다.

# 기록, 눈물과 위안의 삼국유사

## 왜 삼국유사인가

일연의 비문 마지막에는 그가 평생 지은 책의 이름과 권수가 나온다. 다음과 같다.

저서 : 《어록》(2권), 《게송잡저》(3권)
편수 : 《중편 조동오위》(2권), 《대장수지록》(3권), 《제승법수》(7권),
《조정사원》(30권), 《선문염송사원》(30권)

직접 지은 2종과 편찬한 5종까지 모두 7종 77권의 책이 소개되었다. 그러면서 총수를 '100여 권'이라 밝힌다. 그렇다면 비문에 없는 20여 권의 '기타 등등'이 있었을 것이다. 여기서 '권'은 오늘날과 단위 개념이 다르다. 일정한 수효는 없지만 보통 여러 권을 하나로 묶어 '책'이라 부른다. 이 책이 지금의 권과 같다. 100권이라면 20~30

책쯤 되리라 본다.

문제는 이 목록에《삼국유사》가 보이지 않는다는 것이다. 아마도 20여 권의 '기타 등등'에 들어가 있을 것이다. 일연의 비문을 짓고 비석을 세우던 사람들에게《삼국유사》는 그런 정도였다. 오늘날 화제의 중심에 놓인 책《삼국유사》가 어쩌다 이런 대우를 받았을까.

우리가 일연을 존경해 마지않는 것은 무신 정권기와 몽골 전란과 간섭기를 헤쳐 가면서 그가 보여 준 삶의 궤적 때문이다. 작은 나라의 승려로 힘없는 자의 설움을 당하면서도 그는 민족의 자존을 늘 염두에 두었던 사람이다. 일연은 그 민족의 자존을 불교적 인식 세계에서 불국토 사상으로 이었으며,《삼국유사》에 정리하여 여실히 표현해 놓았다.

일연은 평생 내란과 전쟁 통에 목숨을 보존하기도 힘들어 위태하게 살았다. 민족의 자존심이 철저히 짓눌리던 때, 한 나라의 국사가 되었고 누구보다 뼈저리게 앞날을 염려하지 않을 수 없었다. 그런 고민과 쓰러진 역사의 영광을 일연은《삼국유사》속에 다시 세우려는 뜻을 담았던 것이다.

그래서 단군에서부터 시작하는 우리의 오랜 역사와, 우수한 문화를 받아들이고 그것을 다시 우리만의 독창적인 문화로 바꾸어 놓는 슬기로움을 전했다. 그뿐 아니었다. 왕이나 높은 벼슬을 하는 사람들보다는 이름 없이 살다 간 백성들, 한결같이 착한 마음씨와 용기를 가지고 어려움을 극복해 낸 마음을 전달하였다.

그런데 이런《삼국유사》가 당대에는 그다지 큰 평가를 받지 못한 것 같다. 당사자의 비문에 저서 목록을 쓰면서 빠뜨릴 정도이니 말이다. 옛날을 돌이켜보면 이런 일이 심심찮다. 지금 세계에서 가장 비싼 값을 받는 고흐의 그림도 그의 생전에 단 한 점밖에 팔리지 않았다.

일연이 죽고 나서 그의 일대기를 정리한 제자와 주변 사람들은 《삼국유사》가 그저 흔한 옛날이야기 모음에 지나지 않는다고 판단했던 듯하다. 도리어 이런 책이 고승의 손끝에 끝까지 붙어 있던 까닭을 납득하지 못했으리라. 그나마 버리지 않고 뒤늦게 책으로 간행한 것이 다행이다. 일연의 속 깊은 뜻을 실감하기로는 실로 지금 우리가 사는 시대에 들어서이다.

## 폐허 속의 희망

두 가지 예를 들어 《삼국유사》에 실은 일연의 마음을 짐작해 보기로 한다. 당시 무신 정권의 전횡으로 기율이 무너지고 몽골의 침략으로 나라는 폐허가 되었다. 일연은 그 모습을 《삼국유사》에 다음과 같이 적어 증언한다.

- 지금 전쟁을 겪은 이래 큰 불상과 두 보살상은 모두 녹아 없어지고, 작은 석가상만이 남아 있다.    《삼국유사》 탑상, 〈황룡사 장육〉에서
- 조계종의 무의자 스님이 남긴 시가 있다.

나는 늘었네.

황룡사 탑이 불타던 날,

번지는 불길 속에서 한 쪽은

무간지옥을 보여 주더라고.　　　　　《삼국유사》 탑상, 〈전후소장사리〉에서


　　처음 자료는 몽골의 3차 침입 때 경주 황룡사의 장륙불상이 불탄
모습을 전해 준다. 일연이 폐허가 된 황룡사를 답사하고 남긴 기록
이다. 금동으로 만든 1장 6척의 불상이 흔적 없이 사라진 자리에서
차라리 그의 붓끝은 담담하다. 충격의 역설일까? 하지만 같은 자리
의 황룡사 탑이 불탄 모습을 보고는 조금 흔들린다.

　　일연은 어느 곳보다 황룡사를 좋아했다. 《삼국유사》에 이 절만큼
자주, 그리고 자세히 언급된 곳이 없다. 황룡사는 신라가 세계의 중
심임을 자랑스럽게 여기며 자신만만하게 만든 절이었다. 9층 목탑
과 1장 6척의 금동 불상은 그 중심의 상징이었다.

　　그런 탑과 불상이 한꺼번에 불탔다. 애써 누른 감정이 흔들리지
않을 수 없다. 같은 시대의 승려 무의자의 시를 인용한 두 번째 자료
는 폐허의 상황이 무간지옥과 다름없다고 묘사하고 있다. 더 이상
의 표현을 찾지 못하는 탓일 것이다.

　　무의자는 진각국사 혜심을 말한다. 그런데 무의자의 시는 번역에
따라 뜻을 달리 볼 수 있다. 특히 뒤의 두 행이 그런데, 그렇게 뜻을
달리 보면 단지 분노가 아니라 애끓는 안타까움이 따라온다.

나는 들었네.

황룡사 탑이 불타던 날,

함께 불난 한 쪽이

무간無間한 사이임을 보여 준다고.


3행의 '함께 불난 한 쪽'이란 통도사에 모신 부처의 사리함을 말한다. 신라 때 석가모니 사리를 많이 들여왔는데, 이것을 통도사에도 모셨다. 통도사에서는 돌을 다듬어 솥처럼 사리를 모시는 함을 만들었다. 그런데 황룡사 탑이 불탈 때 통도사의 함에서도 까닭 모를 불이 나 얼룩이 생겼다. '함께 불난'은 이를 말한다.

그러므로 통도사 돌솥과 황룡사 탑은 서로 '사이가 없는(무간한) 사이', 곧 하나이다. 이렇게 보니 뜻은 더 간절해진다. 황룡사 탑의 의의가 석가모니 사리와 같다는 것이니, 이를 잃은 마음의 처절함이 오죽하겠는가.

앞의 두 자료는 일연이 현장을 보고 적은 기록이다. 일연은 신라 시대의 일을 적으면서, 자신이 사는 13세기의 현장이 어떻게 변했는지 함께 기록하는 것을 잊지 않았다. 이것을 오늘날 우리는 역사적으로나 문학적으로 매우 유용하게 활용한다.

또 다른 예로 최승로와 중생사에 얽힌 이야기를 들 수 있다. 신라 말의 혼란스러운 시대에 일어난 최승로의 이야기를 읽다 보면, 이를 통해 13세기의 혼란스러운 현실이 하나로 겹쳐 다가온다.

견훤이 경주에 쳐들어와 경애왕을 죽이고 약탈한 사건이 터졌을 때다. 최은함은 경주 중생사의 관음보살에게 빌어 늦게야 아들을 얻었다. 이 아들이 최승로이다.

그런데 견훤이 쳐들어와 위기의 순간이 닥치자, 최은함은 다시 중생사를 찾아와 아들을 금당에 두고 피난을 간다. 젖도 떼지 못한 아이를 맡긴 곳이 관음보살의 자리 아래다. 제아무리 불심이 깊다 하되, 무심한 청동 불상에게서 젖이 나오리라 믿은 것은 아니었을 것이다. 실로 달리 방법이 없어 내린 하릴없는 선택이었다.

보름쯤 지나 견훤이 물러가자 최은함이 다시 절을 찾아온다. 그런데 아이는 죽지 않고 피부가 마치 새로 목욕한 듯 몸이 반들반들하며, 입 언저리에서는 아직 젖 냄새가 나고 있었다. 최은함은 위기에 처한 아이를 구한 것이 관음보살이라고 믿었다. '입 언저리에서 나는 젖 냄새'가 그 증거이다.

그러나 우리는 이 이야기에서 도리어 13세기 고려의 참상을 상상하게 된다. 앞서 《고려사절요》에 나오는 기록처럼, 피난 중에 걸리적거릴까 봐 "아이를 나무에 붙잡아 매어 놓고" 가는 자(13세기 고려)와 "아이를 강보에 싸서 부처가 앉은자리 아래 감추고 하염없이 돌아보며" 떠난 자(10세기 신라)의 처지가 다를 바 없다. 나무와 부처의 차이만 있을 뿐이다.

한마디로 10세기든 13세기든, 그것은 곧 폐허였다.

자신의 시대에 대응하여 과거 역사 속 이야기를 수집하는 일연의 의중에는 그 폐허를 복구하려는 의지가 숨어 있었다. 그래서 시대의 아픔이 어디에서 나오는지 밝히고, 어디에서 희망을 찾아야 하는지 그 해답을 내놓았다. 이야기가 주는 눈물과 위안이다.

또한 일연이 《삼국유사》에 쓴 신라의 이야기는 자신의 시대를 빗댄 것이다. 그것은 아름다움인가 하면 고통이기도 하다. 이 세월을 어떻게 견디고 극복하려 했는가? 옛이야기 속의 아름다움과 고통이 그 답이었다. 《삼국유사》에는 그런 이야기들이 담겨 있다.

이제 13세기를 《삼국유사》로 풀어 보고 오늘날의 교훈으로 삼으려는 뜻도 여기에 있다. ✿

# 고려와 몽골

13세기 초반 처음으로 고려와 몽골이 접촉하였을 때, 그들은 서로가 서로를 잘 모르고 있었다. 국경을 넘어 온 몽골이야 큰 문제 아니었다. 반면 당하는 고려는 상대를 깊이 이해하여야 했다. 고려에게 몽골은 역사적으로나 지리적으로 너무 먼 나라였다.

# 시대가 변하는 징조

## 권력 농단과 폭력의 시대

고려의 13세기는 무신 정권과 대몽 항쟁의 시대였다. 나라 안팎에서 터진 두 사건의 공통점은 '제재하지 못할 무력'의 난무였다. 한마디로 폭력의 시대였다.

13세기가 시작될 무렵, 나날이 찢기는 나라를 휘어잡은 사람은 최충헌이었다. 최충헌은 강력한 무신 정권을 수립하고 권력을 세습하는데, 1258년 4대주 최의가 정적에게 제거되면서 최씨 정권은 막을 내렸다. 4대 60년에 걸친 정권이었다. 이 정권에 대해서는 여러 역사적인 평가가 가능한데, 최의의 죽음을 두고 적은 역사서의 다음과 같은 구절이 참고할 만하다.

유경과 김인준 등이 최의를 죽였다. 최의는 나이가 젊고 어리석고 약하여 어진 선비를 예우하지 않았다. 나랏일에 의견을 구하지 않고, 친하고 믿는 자가 모두 유능이나 최양백 무리같이 가볍고 방정맞고 용렬하고 천한 자들이었다. 그의 외삼촌 거성원발은 최의가 총애하는 여종 심경과 더불어 밖에서는 세력을 부리고 안으로는 참소를 행하였고, 재물을 탐하는 것이 한이 없었다. 그때에 또해마다 흉년이 들었는데, 창고를 열어서 진휼하지도 않아 이 때문에 크게 인망을 잃었다. 《고려사절요》 고종 45년(1258) 3월

이것은 최의 개인에 대해 내린 평가이다. 그러나 정사에 일방적이고 재물을 탐하며 백성을 돌보지 않았다는 점에서는 정권 전체의 문제를 말했다고 봐야 한다. 무인 정권의 폐해는 정권 내부 문제로부터 시작해 전반적인 국정 농단으로 이어졌다.

정권의 정통성이나 자신감이 없을 경우, 위의 기록처럼 "가볍고 방정맞고 용렬하고 천한 자들"에게 의존할 수밖에 없다. 몽골과의 치열한 전쟁 통에 '여종 심경'이 농단의 핵심에 섰다. 심경을 조종했던 사람은 거성원발인데, 이름조차 남지 않은 최항의 첩이 그의 여동생이었다. 이 여동생이 최의를 낳았기에 거성원발은 최의의 외삼촌이라는 자리를 이용해 권력의 핵심으로 들어갈 수 있었다. 그리고 외조카가 총애하는 심경과 결탁하여 더욱 횡포를 부렸다.

농단의 주변에는 자격 미달의 전횡자가 넘쳐나는 법이다.

어느 시대나 그렇다. 무능한 권력자는 사람을 잘 쓰지 못한다. 제입맛에 맞아 쓴 그 사람이 농단을 부리는 통에 일이 잘못되고 나라는 고통스럽다.

최의는 흉년이란 비상 상황을 타개할 조치 따위는 안중에도 없었다. 사실 나이가 어린 데다 급작스럽게 정권을 이어받아 제대로 통치할 수 없었다. 아버지 최항 대에 이미 무너지기 시작한 기율을 최의가 바로잡기란 처음부터 불가능했다.

정권의 상층부가 무너진 상황에서 혼란은 아래로 퍼져 나갔다. 이는 아래와 같은 사건을 통해 잘 읽을 수 있다.

> 8월에 도적이 무릉을 도굴하니 왕이 예부의 제릉서에 명하여 여러 능을 두루 살피게 하였다. 또 도적이 도굴한 곳이 5, 6곳이 되므로 원찰의 승려를 시켜 능을 수리하게 하였다. 책임 관리가 여러 능의 능지기를 탄핵하여 파면시키고, 능호의 사람을 먼 곳의 섬으로 귀양 보냈다. 이듬해 도적 두서너 사람을 잡아서 목 베었다. 무릉은 바로 안종의 능이다. 　　　《고려사절요》 희종 4년(1208) 8월

최씨 정권 초기인 희종 때 일어난 사건이다. 굶주리고 성난 백성이 왕릉을 도굴하는 일조차 꺼리지 않는 지경에 이르렀음을 알 수 있다. 무릉의 주인인 안종은 왕위에 오르지 못하고 추존된 효목대왕으로, 현종의 아버지이다.

무릉의 도굴은 그나마 힘이 있던 최씨 정권 초창기이기에 제압이 가능하였다. 수리 후 관리를 좀 더 철저히 하고 범법자에게 적절한 형벌을 내렸다. 그러나 역사서에 이런 기록이 등장하는 것만으로도 무너지는 기율의 조짐을 읽을 수 있다. 아마도 민간에서 자행되는

약탈이나 도적질은 역사서에 옮길 수 없을 만큼 흔했을 것이다.

그런 끔찍한 폭력 한 가지를 소개하기로 한다.

> 장생서 죄수들 가운데 자색이 아름다운 여자가 있었다. 서리가 당직 날 저녁에 강간하려고 하니, 그 여자가 굳게 거절하여 말하기를 "나 역시 대정의 아내인데 어찌 남에게 몸을 맡기겠느냐" 하였다. 서리가 기어이 여자를 강간한 뒤에 돼지우리에 가두었더니, 뭇 돼지들이 앞다투어 그 여자를 물어뜯어 "사람 살리라!"고 다급하게 불렀으나, 서리는 거짓으로 그러는 줄 알고 구하지 않고 내버려두었다. 그 이튿날 밝을 녘에 가보니 돼지들이 다 뜯어먹고 오직 뼈만 남아 있었다.
>
> 《고려사절요》 고종 15년(1228) 6월

장생서는 나라의 제사에 쓸 가축을 맡아 보는 관아이다. 여자는 대정의 아내라 하였으니, 비록 하급 지휘관이긴 하나 엄연히 벼슬아치의 가족이다. 그런데 여자가 죄수임을 빌미로 당직 관리가 강간하는 일이 벌어진다. 거기서 끝이 아니다. 강간을 감추려는 목적으로 장생서에서 관리하는 돼지우리에 여자를 처넣는다. 결국 돼지에게 뜯어 먹히는 참혹한 사건이 발생한다.

이는 물론 매우 특수한 사건이다. 그러나 상층부가 농단을 벌이고 왕릉이 털리는 상황과 연결시켜 보면, 관아 안에서 벌어진 이 같은 사건이 우연히 일어났다고 볼 수 없다. 이는 13세기 고려의 심각한 붕괴 현상을 웅변한다. 여기에 몽골과의 전쟁이 더해진다.

# 초원의 제국 몽골

몽골 전쟁이 남긴 폐허는 "몽골 군사가 광주, 충주, 청주 등지로 향하는데, 지나는 곳마다 잔멸(殘滅, 다 멸하여 없어짐)하지 않은 데가 없었다"는 《고려사절요》 고종 18년(1231)의 기록을 통해 충분히 짐작할 수 있다. 일찍이 중국 사람이 말했다.

몽골 군사의 말발굽이 지나간 곳에는 풀도 나지 않는다.

풀도 나지 않는 땅에 고려도 추가되었다. 몽골 군사가 '지나는 곳마다 잔멸'이라는 《고려사절요》의 표현 그대로다.

과연 몽골은 어떤 나라였을까. 처음 몽골족의 땅은 척박했다. 지금의 몽골을 떠올리면 된다. 그러나 13세기의 몽골은 지금과 같은 사막이나 얕은 초원 지대가 아니었다. 11세기를 고비로 나타난 기후 변화는 북방 초원을 서늘하게 만들었다. 그 덕분에 사람과 생물이 살기에 적당하였다.

이때 초원 지대는 번성했고, 9세기에 잠깐 건조기를 보였지만 그 뒤 13세기까지 윤택한 기후가 계속되었다. 유목과 기마가 최상의 경지에 이른 13세기의 몽골은 척박한 지금과는 그 환경 조건이 아주 달랐던 것이다.

구밀료프는 이때를 다음과 같이 매력적인 문장으로 묘사하였다.

초목은 사막을 등지고 남북으로부터 이동하며, 풀 뒤에는 유제

동물(有蹄動物, 발굽이 있는 동물)이 오고, 그리하여 양과 소, 그리고 기수를 태운 말이 온다. 그리고 말은 군사 집단과 유목민의 강력한 힘을 창조한다.　　　　레프 구밀료프, 《상상의 왕국을 찾아서》에서

가없는 초원과, 초식 동물과, 그것을 도구로 쓰는 사람.

어느 대륙도 주지 못한 단단한 삶의 터전이 인류 역사상 최대 제국을 위해 마련되었다. 그리고 이 같은 초원의 번성기에 강력한 힘을 창조한 영웅이 태어난다. 보르지긴의 칭기즈 칸이었다.

이제 그런 제국 몽골이 동쪽으로 밀려와 고려와 어떤 사이가 되었는가 살펴보자. 이 책에서는 13세기 동안 고려와 몽골을 다음과 같이 세 시기로 나눠 설명하려 한다.

제1차 시기는 형제 맹약기(1218~1231)이다.

거란군을 치기 위해 몽골과 고려가 만났다. 서로 형제라고 불렀다. 이때 두 나라 사이에 1차 연합군이 만들어졌다.

제2차 시기, 대몽 항쟁기(1231~1260)이다.

형제 사이가 틀어졌다. 밀고 당기는 30년 전쟁이 고려의 산하를 피로 물들였다.

제3차 시기, 몽골 간섭기(1260년 이후)이다.

고려가 항복한 뒤 실시된 몽골의 식민 통치기이다. 그사이 일본 침공을 위한 2차 연합군이 두 번에 걸쳐 만들어졌다.

13세기는 그렇게 저물었다.

# 형제 맹약기

## 십 년 동안 장 없이 먹었지

고려 사람은 13세기의 절반을 몽골과의 전쟁 통에 살았다. 그들의
삶이 어땠는지, 승려 충지의 시에서만큼 절절이 읊은 경우를 만나기
어렵다. '인印 선백에게 준다'는 제목의 시가 특히 그렇다.

계족봉의 한 그릇 밥
무엇 하려 좋고 나쁨을 가려 말하리오.
남은 보리를 풀이라 하지만
나는 풀을 보리에 섞었다 하네.

계족봉 한 사발 국
맛이 어떤지 논하지 마시오.
남은 장을 소금에 넣었다 하지만

나는 소금을 장이라 하네.

신정 선사와 무엇이 다르랴.
십 년 동안 장 없이 먹었지.
또한 대우 선사와 같아서
죽이나 밥을 제대로 잇지 못했네.

계족봉은 충지가 머물던 정혜사가 있는 산이다. 지금의 전남 순천에 있으며 계족산이라 부른다. 그런데 계족봉에서 충지는 익지도 않은 보리와 발효하지도 않은 장으로 허기를 때운다. 피난 다니느라 정착하지 못한 사이, 한가롭게 장 담글 여유가 어디 있겠는가. 급기야 10년이 넘도록 장맛을 보지 못했다.

3연에 나오는 신정은 중국 송나라 때 홍인 선사의 법호이고, 대우는 같은 시대 수지 선사의 법호이다. 그들 또한 우리의 13세기만큼 어렵던 시대를 살다 갔다.

충지는 이어서 노래한다. 이 시절은 "세금은 백 배 더 하고, 부역은 삼 년이나 계속"되고 있다고. 서울 장군은 줄을 잇고 머슴이든 장정이든 군인으로 뽑아 가니, 남은 자는 늙은이와 어린아이뿐이란다. 원정을 나가자면 장군 아래 싸울 정규군은 몇 명이 됐든 지역에서 징발해 편성하므로, 서울에서 장군 한 명 오면 거기에 또 얼마나 많은 장정이 불려나가야 할지 모른다. 이것이 몽골의 일본 원정에 동원되던 시절 13세기 고려의 형편이었다.

10년 동안 장맛을 보지 못했다는 말이 가장 기막히다.

장은 한곳에 머물러 살아야만 만들 수 있는 음식이다. 적어도 3년은 묵혀야 제대로 맛이 드는 것이 장이다. 고려 사람은 본디 그렇게 살아왔다. 그런데 전쟁이 터진 지 10여 년, 떠돌며 피난 다니다 보니 장 담글 여유는 처음부터 바랄 수 없었다.

그뿐이랴. 마침 초여름비가 내려 한참 농사일에 힘을 쏟아야 할 때였다. 그러나 일할 장정은 보이지 않는다. 모두 전쟁터에 끌려 나갔기 때문이다.

일본 치는 일이 급하다 보니
농사를 누가 다시 생각하랴.

농사는커녕 몽골의 일본 정벌에 동원되어 백성들은 강가 쪽으로 내몰렸고, 나무 베어 전쟁에 쓸 배를 만드느라 고려는 이미 힘이 부친다. 한 자의 땅도 개간하지 못했는데 백성의 목숨은 또 어떻게 부지할까.

충지는 그런 참상을 시로 고발하면서도 끝내 그 상황에서 아무 대책 없는 자신을, 부질없이 눈물만 흘리는 자신을 한탄한다. 그러나 그것이 어찌 충지만의 일이며, 어찌 그가 져야 할 책임이겠는가.

## 몽골과 맺은 '형제 맹약'

이 참혹한 몽골과의 전쟁은 어떻게 시작되었을까?

고려와 몽골 관계의 1차 시기를 '형제 맹약기'라 부르기로 했다. 이때 두 나라 사이에 형제 맹약을 통해 연합군이 결성되었다. 고려와 몽골 제1차 연합군이었다.

이 시기의 가장 큰 특징은 고려와 몽골이 형제 관계였다는 것이다. 그나마 괜찮은 때였다. 그러나 두 나라가 정말 형제의 맹약을 맺었는지, 그 정체는 무엇인지 우선 이 문제를 짚고 넘어갈 필요가 있다. 실은 기나긴 두 나라의 악연이 여기서부터 시작하기 때문이다.

기록을 통해 고려와 몽골의 형제 맹약이 어떻게 이루어졌는지 살펴보자. 제1차 연합군은 '공동의 적' 거란을 제압하기 위해 결성되었다. 1216년부터 고려는 거란의 침공에 시달리고 있었다. 최충헌도 신변의 위협을 느낄 정도였다.

> 정월에 최충헌 부자가 그의 집에 사병을 많이 배치하고 엄하게 경비하였다. 이때 거란 군사가 가까이 닥쳐왔으므로, 백관에게 명령하여 모두 성에 나가 지키게 하고, 또 성 밑의 인가를 헐고 황참을 파게 하였다. 《고려사절요》 고종 4년(1217) 1월

황참이란 성 밖에 만든 물 없는 도랑을 말한다. 여기에 물을 채우면 해자가 된다. 성을 요새처럼 만드는 시설이다. 수비하는 병력을 늘릴 뿐만 아니라 황참까지 설치할 정도이니, 거란에 대한 경계심

이 이만저만 아니었다.

중원을 정벌하려는 몽골 또한 거란에게 피곤을 느꼈다. 남송을 완전히 정복해야 하는데 북쪽의 거란이 늘 걸렸기 때문이다. 실은 거란이 몽골로부터 더 큰 피해를 입고 있었다. 결국 1216년, 거란은 몽골과의 싸움에서 패하자 새로운 생활 근거지를 찾아 압록강을 건너 의주 지방에 침입해 왔다. 고려에서는 조충을 서북면 원수, 김취려를 병마사로 임명해 이들을 치게 하였다. 그러자 거란은 대동강 중류 강동성으로 들어가 저항하였다

1218년 12월, 몽골의 카치운과 차라가 이끈 군대가 고려군과 함께 강동성으로 들어간 거란족을 쳤다. 이것이 몽골과 고려의 1차 연합군이다. 작전은 성공적이었다. 앞서 밝힌바, 연합군의 필요성은 고려만 느낀 것이 아니었다. 도리어 먼저 제안한 쪽은 몽골이었다. 마침내 1219년 1월, 강동성의 거란군이 항복하였다.

그러자 몽골에서는 고려 서북면 원수 조충에게 첩문을 보내 "황제가 적을 격파한 뒤 형제가 될 것을 약속하라고 명령하셨다"고 알려 왔다. 이에 형제 맹약은 조충이 나서서 맺었다.

이 형제 맹약을 일찍이 학계에서는 고려와 몽골이 맺은 최초의 호혜적인 관계로 보았다. 제아무리 강국이더라도 '오랑캐' 출신으로 중국을 점령한 몽골이 고려를 같은 위치에서 대할 수밖에 없었다는 것이다. 몽골이건 고려건 중국에 대해서는 같은 오랑캐였고, 도리어 몽골은 고려가 지닌 문화 수준을 업신여기지 못했다. 그래서 처음 고려를 대하는 몽골의 태도는 정중했다. 군신이 아니라 형

제로 대했다는 것이다.

그러나 여기에는 다소 아전인수로 해석한 혐의가 짙다. 실제로는 결국 상하 관계의 복속에 지나지 않는다는 견해가 나왔다.

> 고려는 몽골국에 대하여 공납, 입조의 의무를 지고 있었음을 알 수 있고, 강동성의 거란 잔당을 치는 과정에서 조군助軍, 수량輸糧으로 도운 것으로 보아 이것이 1219년 몽골과 고려 사이에 맺은 형제 맹약의 실질이었다고 볼 수 있다.
>
> 이개석, 〈여몽관계사 연구의 새로운 시점〉에서

여기서 조군은 군사를, 수량은 군량미를 대는 것을 말한다. 몽골이 요구하는 군사와 군량미는 실로 막대한 수치였다. 결코 호혜적인 관계라고 볼 수 없었다. 실제로 고려는 몽골이 요구한 공물을 "피정복 지역 신하의 의무가 아닌, 종래 요나라나 금나라에 보내던 사대의 예물"로 이해했다. 이것이 실상에 가깝다고 보인다.

또 다른 특이한 주장이 있다. 맹약 체결 후의 기록들이 고려와 몽골의 군신 관계를 보여 준다는 점에서, 형제 맹약은 고려와 몽골군 지휘관 사이의 사적인 관계이고 국가 간의 관계가 아니었다는 것이다.

사적인 관계.

국가 사이의 공식적인 조약 같은 것이 아니라는 말이다. 그저 전쟁터에서 장수끼리 형님, 아우 했던 셈이다. 다음과 같은 대목이 그 증거로 쓰일 만하다.

카치운이 김취려의 외모가 체격이 크고 훌륭한 것을 본 데다 그 말을 듣고 매우 기이하게 여겼다. 이에 취려를 이끌어 한자리에 앉히고, "나이가 몇이오?" 하였다. 취려가 말하기를, "예순에 가깝소" 하였다. 카치운이 "나는 쉰이 못 되었소. 이미 한집안이 되었으니 그대는 형이고, 나는 아우요" 하고 취려에게 동쪽을 향하여 앉게 하였다.　《고려사절요》고종 6년(1219) 1월

고려와 몽골이 거란을 협공할 때 김취려와 카치운이 장수로 만나는 장면이다. 전쟁터에서 만난 장수끼리 나이로 호형호제를 정한다. 아무래도 공식적인 나라 사이의 체결이라고는 볼 수 없다. 그러니 장수끼리 의기투합한 '사적인' 관계라는 것이다.

사실 이 시기에 "조정의 의논 역시 결정되지 못하여 화답하지 않았으므로 군사를 먹이는 일이 지체되었다. 조충만이 홀로 의심하지 말라고 급히 아뢰기를 그치지 않았다"(《고려사절요》고종 5년 12월)는 기록이 나온다. 따라서 형제 맹약이 현장에서 임시방편으로 체결되었을 가능성은 있었다.

하지만 이는 곧바로 반론에 부딪혔다.

현지 지휘관인 조충은 외교 측면보다는 야전 사령관으로서 전장 상황에 좀 더 적확한 정보를 가지고 있었다. 이에 입각한 판단이 정치가의 입장이나 감각과 다르다면, 즉각적인 대응은 현장에 부여된 지휘관의 특권이었다. 이런 특권으로 행한 결정은 공적인 일 처리를 대신한다. 그러니 사적이라 할 수 없다는 것이다.

과연 형제간일까, 군신 간일까, 아니면 사적으로 맺어진 임시방편이었을까. 견해는 이렇게 다양하게 갈린다.


## 고려가 오해한 형제 관계 ✿

고려를 당황하게 한 것은 몽골과 맺은 이런 형제 맹약의 '정체'였다. 고려로서는 군신 간의 사대 관계 외에 다른 외교 경험이 없어서, 중원을 차지한 나라와 형제 관계를 맺는다는 것이 매우 생소하였다. 이것이 13세기 초반 고려와 몽골의 관계 형성에 혼선을 빚게 한 원인의 하나였다.

그러나 실은 고려에게도 이미 100여 년 전에 형제 관계라는 고려 '나름의 경험'이 없지는 않았다. 그 경험이란 1117년 금나라에서 '형 대大여진국 금 황제가 동생 고려 국왕에게'로 시작하는 문서를 보내 형제 관계를 맺자는 '결위형제'를 요구한 일이었다.


> 고려는 금과의 관계를 시종 형제 관계로 유지하고자 했고, 금은 고려로 하여금 칭신상표(稱臣上表, 신하로 칭하고 표문을 올림)를 하도록 하는 데 초점을 맞추고 있었다. ……1218년 몽골로부터 형제 맹약을 요구하는 첩문을 받았을 때, 고려에서는 금에 대한 형제 관계의 전례에 따라 칭신상표하고 조공하는 관계로 이해했을 것이다.
> 이익주, 〈1219년 고려-몽골 '형제 맹약' 재론〉에서

금의 '결위형제' 요구를 대등한 관계로 본 것은 고려의 오해였다. 실은 '칭신상표'의 다른 표현이었던 것이다. 금을 형, 고려를 동생이라 분명히 기록한 데서 이는 확실하다. 이것을 잘못 받아들여 낭패를 본 100여 년 전의 경험이 고려에게는 있었다. 그래서 몽골의 형제 맹약 요구를 바로 조공 관계로 알아들었다. 금과 마찬가지로 형제가 아니라 상하 관계라는 것이다.

이러한 해석을 받아들인다 해도 이것이 고려의 몽골에 대한 인식의 실체는 아니다. 여진이 말한 형제 관계는 분명 상하가 확실한 형과 아우의 관계였다. 이에 견주어 몽골은 형제 맹약이라고만 했을 뿐, 적어도 당초에는 거기에 상하 관계를 군이 설정하지 않았다. 힘의 우위를 지닌 쪽에서 형제 맹약을 내세웠으니 당연히 상하 관계가 전제되었다고 할 수 있으나, 몽골족이 형제에 대해 가지고 있는 전통을 살펴보면 이는 실상과 달랐다는 것이다. 다음과 같은 설명을 참고해 보자.

몽골과 고려의 군사 지휘관들은 "우리 두 나라는 영원히 형제로서 자손만대까지 오늘을 잊지 말자!"고 맹세하였으며 몽골군이 귀환할 때 고려인들은 예절에 따라 환송하였다. 이 말은 예의상, 또는 양측 지휘관이 생각나는 대로 한 말이 아니었다. 어쨌든 고려인과 가깝게 지내고 싶었던 몽골인의 입장에서 한 말이었다.

이시잠츠 편, 《몽골제국의 대외관계》에서

이는 몽골 연구자의 설명이다. 여기에는 우리가 주목해야 할 대목이 있다. 형제 맹약을 "영원히 형제로서, 오늘을 잊지 말자"고 풀이한 것이다. '생각나는 대로 한 말'이 아니었으며, '가깝게 지내고 싶다'는 입장이었다. 단순히 선의로 이웃 나라와의 관계를 미화한 것만은 아니라는 주장이다. 굳이 상하 관계를 못 박지도 않았다.

형제 관계든 상하 관계든 한 가지 분명한 사실이 있다. 적어도 13세기 초반 처음으로 고려와 몽골이 접촉하였을 때, 두 나라는 서로를 잘 모르고 있었다.

국경을 넘어 온 몽골이야 큰 문제가 아니었다. 언젠가는 알아야 하겠지만 힘의 우위를 확보해서인지 한결 여유롭다. 반면 당하는 고려는 상대를 깊이 이해하여야 했다. 그런 이해의 바탕에서 외교적인 전략을 구사해야 했는데, 아쉽게도 고려는 몽골에 대해 아는 바가 별로 없었다. 이시잠츠가 말한 '몽골인의 입장'이 무엇인지 몰랐다. 이는 결국 전쟁으로 이어지고 처절한 대몽 항쟁기가 시작된다.

고려에게 몽골은 역사적으로나 지리적으로 너무 먼 나라였다.

# 대몽 항쟁기

## 몽골의 의형제 개념

대몽 항쟁기를 말하기에 앞서 한 가지 짚고 넘어갈 것이 있다. 몽골을 이해하자면 반드시 알아야 할 '의형제' 개념이다. 앞서 말한 몽골인의 입장과도 이어진다. 하지만 형제의 맹약을 맺을 때, 고려 쪽에서는 전통적인 몽골의 의형제 개념을 몰랐다.

번성기의 몽골에서 태어났지만, 칭기즈 칸의 생애는 평탄하지 않았다. 그의 어머니가 일렀듯이, "그림자 말고는 동무도 없고, 꼬리 말고는 채찍도 없다"는 형편이었다.

아버지 예수게이는 아홉 살 난 아들 칭기즈 칸을 강력한 몽골 부족 옹기라트족 지도자의 딸 보르테와 약혼시켰다. 이 일을 마치고 돌아오는 길에 예수게이는 타타르족에게 초대받았다. 같이 식사나 나누자는 것이었다. 그러나 타타르족은 그를 독살하였다. 가장을 잃고 남은 가족은 사냥과 고기잡이로 어렵게 생계를 꾸렸다.

고난은 여기서 끝나지 않았다. 겨우 자립할 무렵, 키릴투크가 보르지긴 목초지를 습격해 칭기즈 칸을 사로잡고 그에게 칼을 채웠다. 다행히 칭기즈 칸은 빠져나오는 데 성공했다. 그의 활약은 이때부터 빛을 발한다. 먼저 약혼녀 보르테와 결혼했고, 아내의 지참금인 담비 외투를 이웃 케라이트족의 왕에게 선물했다. 케라이트의 왕은 즉시 예수게이와의 우정을 떠올리고 칭기즈 칸에게 보호해 주겠노라고 맹세했다.

여기서 '예수게이와의 우정'이라는 말에 주목할 필요가 있다.

몽골인에게 혼인은 동맹의 가장 중요한 형식이었다. 양가는 혼인을 통해서 '쿠다quda'라는 관계를 맺는다. 또한 상호 맹약으로 의형제를 맺는데, 몽골어로는 '안다anda'라고 불렀다. 이렇게 의형제를 맺으면 서로 곤경에 처했을 때 도와주어야 할 의무가 생긴다. 그런데 '안다-쿠다'는 하나의 복합어를 이루며 자주 등장한다. '안다'라는 의형제 관계가 '쿠다'라는 사돈 관계와 거의 동시에 이루어졌기 때문이다. 이것이 바로 형제 맹약이다.

몽골인에게 안다의 중요성은 다음과 같은 설명으로 알 수 있다.

고대 몽골족은 의형제의 '의'에 관한 감동적인 관습을 갖고 있었다. 소년들 혹은 청년들은 선물을 교환하고 안다, 곧 지정된 형제가 되었다. 의형제의 '의'는 혈연관계보다 더 우월한 것으로 여겨졌다. 안다는 단 하나의 영혼과 같아 서로를 결코 버리지 않을 것이며, 항상 치명적인 위험에서 서로를 구할 것이었다.

'단 하나의 영혼' 같은 것이 의형제이다. 예수게이와 의형제였던 케라이트의 왕은 세대를 넘어 형제의 아들까지 보호하였다. 물론 그것은 아들 칭기즈 칸이 고급스러운 담비 외투를 가져와 우정의 유산을 확인해 주었기 때문이다. 반대의 경우, 곧 형제 맹약을 하였더라도 배신한다면 이에 대한 보복 또한 철저하였다. 의형제였지만 칭기즈 칸의 마지막 적수였던 자무카가 그 경우에 속한다.

자무카는 몽골 부족 중 하나인 쟈다란 출신으로, 본디 칭기즈 칸과 어릴 적 형제 맹약을 맺은 친구였다. 그러나 몽골의 통일 과정에서 그는 결국 칭기즈 칸과 맞선다. 1206년, 곧 통일이 마무리되던 해, 자무카는 근거지를 잃고 유랑하다 부하의 배신으로 칭기즈 칸에게 사로잡힌다. 칭기즈 칸은 먼저 자무카의 부하를 처형하였다. 배신자이기 때문이다. 그리고 자무카에게 "이제 우리 둘이 합쳐졌다. 동무하자"고 다시 형제 맹약을 제안한다. 칭기즈 칸으로서는 대단한 호의였다. 하지만 자무카는 이렇게 말하며 냉정히 거절한다.

칸의 자리는 그대에게 향했다. 천하가 이제 준비되어 있는데, 동무하여 무슨 도움이 될까? 오히려 검은 밤에 형제의 꿈에나 보일 것이다. 밝은 날, 그대의 마음이나 괴롭힐 것이다.

유원수 역주, 《몽골비사》에서

비장하기까지 하다. 자무카는 피가 안 나오게만 죽여 달라고 청한다. 칭기즈 칸은 그 청에 따르면서, 자무카의 주검을 뼈가 보이지 않게 잘 거두라고 명령한다.

척박한 환경에서 살아남아야 하는 몽골인에게 형제 맹약은 삶의 지혜이자 방편이었다. 이것으로 다져진 내부적인 결속의 강고함은 칭기즈 칸의 정복 사업에서 강력한 힘을 발휘했다.

고려가 몽골을 처음 만나던 1218년으로 다시 가 보자.

이때는 몽골 제국의 초기이자 칭기즈 칸의 전성기이다. 몽골의 전통이 왕성하게 작용하던 때이고, 응징이나 약탈로 단순한 전쟁을 치르던 때이다. 곧 칭기즈 칸 사후 오고타이가 즉위하여, 한 연구자의 말처럼 "점령과 지배를 지향하는 본격적인 세계 정복전으로 탈바꿈"한 다음이 아니었다.

그런 시기에 몽골의 야전 지휘관은 동쪽 끝으로 숨은 거란군을 치러 왔다. 전쟁에서 원정군은 언제나 우군이 필요하다. 몽골은 우군으로서 고려에게 황제의 권위와 몽골의 전통이 녹아 있는 형제 맹약을 제시했을 것이다. 형제가 된 이상 고려군은 원정 온 몽골군을 도와야 한다. 형제 맹약의 강력한 자장 속으로 반드시 들어가야 한다. 우물쭈물 그러자고 약속한 고려 정부는 이런 역사적 전통을 이해하지 못했던 것 같다. 오늘날 우리도 고려와 몽골의 형제 맹약을 바로 이해하자면 이 점을 잘 알아야 한다.

# 정보 부재가 불러온 비극

형제 맹약을 제대로 이해하지 못한 고려로서는 몽골이 요구하는 막대한 군사와 식량 원조가 조공으로밖에 보이지 않았을 것이다. 더욱이 한 해에도 수차례에 걸쳐 과도한 양을 요구하고, 궁중에 들어와서도 법도를 지키지 않는 몽골 사신의 태도에서, 고려는 이것이 어떤 성격의 외교 관계인지 종잡을 수 없었다. 고려에게는 몽골에 대한 정확하고 풍부한 정보가 없었기 때문이다.

비록 고려가 몽골의 형제 맹약을 알았다 하더라도, 과연 "단 하나의 영혼과 같아 서로를 결코 버리지 않을 것이며, 항상 치명적인 위험에서 서로를 구할 것"이라는 '안다'를 이해할 수 있었을까. 어떤 경우가 되었건 무지가 가져온 비극은 처참했다.

정보의 부재는 형제 맹약기 때만이 아니었다. 이는 이 시기를 지나 드디어 전쟁기에 들어서는 첫 사건에서도 잘 나타난다.

1219년 형제 맹약 이후 5, 6년간 고려로서는 불편한 맹약의 시기를 보냈다. 처음 몽골군이 나타나 형제를 맺자 했을 때는 그러려니 했다. 같은 이방 민족으로서 대등한 관계가 이상할 것 없었다. 그러나 몽골에 대해 알아 갈수록, 거란보다 더 큰 이 나라를 형제라고 부르기가 거북해졌다. 형제라고 하면서 실제 행동은 상하 관계처럼 하기도 했다.

그러다가 몽골 사신이 귀환 중 피살되는 일이 벌어졌다. 저고여 살해 사건이다. 1225년 1월, 고려에 들어왔던 저고여와 몽골 사신 10명이 서경을 떠나 압록강을 건너갈 때, 그들은 국신(國贐, 나라에서 외국의 사신에게 주는 비용)과 수달피 가죽 외에 명주나 베 따위를 모두 들에 버렸다. 대접이 소홀했다는 불만의 표시였다. 외교에서 어떤 말썽이 빚어질 것 같았다. 그런데 문제는 그것이 아니었다.

국경에서 저고여가 도적에게 피살되었다는 사실을 안 몽골은 고려를 의심하여 국교를 끊었다. 물론 고려는 부인했다. 고려와 상관없는 우연한 사고라고 해명했다. 몽골도 즉각적 대처하지는 않았다. 이 무렵 몽골은 서역 원정에 골몰해 있었고, 1227년에는 칭기즈칸이 세상을 떠났다. 고려에 신경 쓸 틈이 없었다.

결국 1231년에 이르러서야 몽골은 새삼 저고여 피살 사건을 들고 나와 침공을 감행했다. 전쟁기의 시작이다. 지난 일을 정리하자고 나선 것을 보면 정권이 안정되었다는 증거이다. 다만 그 정리란 것이 사신이 살해된 사건 하나만을 따진다는 뜻이 아니었다. 그보다 중요한 것은 형제 맹약을 저버린 고려에 대한 '징벌'이었다.

따지고 보면 이 모두 몽골에 대한 정보가 없는 상황에서 벌어진 비극이었다. 결국 전쟁이 시작되는데, 정보의 부재라는 관점에서 두 나라 사이의 개전 상황을 정리해 보자.

◉ 몽골 원수 살리타가 군사를 거느리고 평안도 의주를 에워싸고 말하기를, "나는 몽골 군사다. 너희는 빨리 항복하라. 그러지 않으면 무찔러 하나도 남기지 아니하리라" 하였다. 부사 전한이 두려워서 방수장군 조숙창과 함께 모의하기를, "만약 나가 항복하면 성안의 백성이 그나마 죽음은 면할 것이다" 하니, 숙창이

옳게 여겨 드디어 성문을 열고 항복하였다.

○ 조숙창이 몽골 사람에게 말하기를, "나는 원수 조충의 아들이다. 내 아버지가 일찍이 귀국 원수와 형제가 되기를 약속하였다" 하고, 전한은 창고를 풀어 몽골 군사를 먹이었다. 숙창이 글을 써서 함경도 삭주 선덕진에 부쳐 몽골 군사에게 저항하지 말고 항복하라고 타일렀다. 몽골 사람이 숙창에게 명하여 이르는 곳마다 먼저, "진짜 몽골 사람이니 마땅히 빨리 나와 항복하라" 하고 말하게 하였다.

○ 평안도 철산 아래에 이르러, 포로로 잡은 서창낭장 문대를 시켜 고을 사람을 불러 모아 "진짜 몽골 군사가 왔으니 마땅히 빨리 나와 항복하라"라고 타이르게 하였다. 그러나 문대는 "가짜 몽골이다. 그러니 항복하지 마라!" 하였다. 몽골 사람이 문대를 죽이려다가 다시 불러 타이르게 하였으나, 여전했으므로 마침내 문대를 죽였다.

○ 몽골 군인이 공격을 더욱 급하게 하고, 성안에는 양식이 떨어져 능히 성을 지키지 못하고 함락하기에 이르렀다. 판관 이희적이 성안의 부녀자와 어린아이들을 모아 창고에 넣고 불을 지르고, 장정들과 함께 자결하여 죽으니, 몽골 사람이 마침내 그 성을 도륙하였다.


여기 보인 사례들은 모두《고려사절요》1231년 7월의 기록이다. 첫 번째는 살리타가 의주에서 처음으로 고려군과 맞닥뜨린 상황이고, 두 번째는 조숙창이 그의 아버지 조충과 몽골군 사이에 형제 맹약을 맺었던 사실을 몽골군에게 확인하는 장면이며, 세 번째는 철산에서 잘못된 정보를 전달한 문대가 피살되는 과정이다. 네 번째는 몽골군이 처절하게 도륙하는 현장을 보여 준다.

우리는 여기서 다음과 같은 기록을 주목하게 된다.

- "나는 몽골 군사다."
- "진짜 몽골 사람이니 마땅히 빨리 나와 항복하라."
- "가짜 몽골이다. 그러니 항복하지 마라."

몽골군이 눈앞에 나타났는데 고려 진영에서는 그 군대가 몽골군인지조차 몰랐다. 그나마 조숙창이 사태를 파악한 것은 평소 부친인 조충에게서 들은 말이 있었기 때문일 것이다. 몽골 군대의 강력함도 알고 있으니, 무고한 백성의 피해를 줄이기 위해 일찌감치 항복을 결정하였다. 나아가 다른 지역에도 몽골군의 출현을 알렸다. 그러나 문대는 도리어 가짜라 하면서 항복을 막다가 죽임을 당한다. 대체로 고려 사람은 문대 같았을 것이라 보인다.

위의 자료를 종합해 보면, 고려 사람이 몽골에 대해 얼마나 몰랐는지 드러난다. 그나마 약간의 정보가 있었던 사람의 말은 무시되고, 헛된 명분으로 대항하던 사람은 속절없는 죽음을 맞았다. 몽골 군대가 지나간 자리에는 풀도 나지 않는다는 말이 있다. 고려 사람은 몽골 군대에게 당해 보고 나서야 그것을 알았다. 이미 바깥 너른 세상에서는 소문이 자자했는데, 동쪽 한 편에 치우쳐 살았던 고려 사람은 이제야 그 질서 속으로 편입되었다.

정보 부재가 가져온 비극은 문대 한 사람의 죽음으로 그치지 않았다. 마지막 인용에서 보듯이, 철산의 부녀자와 어린아이는 창고에 갇혀 불타 죽고 장정은 자결하였다. 처참한 결과였다.

## 몽골군 말발굽에 밟힌 자리

전쟁 초기의 이 처절한 장면은 곧 고려와 몽골의 전쟁기 전체를 관통한다. 자주 인용하지만, "몽골 군사가 광주, 충주, 청주 등지로 향하는데, 지나는 곳마다 잔멸하지 않은 데가 없었다"는 기록이 그것을 말해 준다. 풀조차 나지 않았다.

몽골과 전쟁이 시작되자 최씨 정권은 수도를 개성에서 강화도로 옮기는 조치부터 내린다. 항전의 의지였다. 최씨 정권이 항전을 결정한 까닭은 분명하다. 몽골이 요구한 조건 가운데 하나가 왕의 친정이었다. 최씨 정권 같은 단계를 거치지 말고 왕이 직접 나라를 다스리라는 것이다. 그러므로 최씨 정권은 전쟁을 그만둘 수 없었다. 어차피 죽기 아니면 살기였다.

그러자 1232년, 몽골은 2차 침입을 단행했다. 그 나름 대비한 고려는 잘 막았다. 3년 뒤인 1235년, 몽골은 대대적인 3차 침입을 이어 나갔다. 이 침입은 몽골과의 전쟁 가운데 가장 규모가 컸고, 그에 따라 고려가 입은 피해 또한 막대하였다. 황룡사의 탑이 불타고 팔만대장경이 불탄 것도 다 이때였다.

이후 몽골의 침입은 간헐적으로 이어졌다. 모두 합하여 6차, 또는 7차로 계산되는 몽골과의 전쟁은 그동안 우리 민족으로서는 겪어 보지 못했던 고통을 가져왔다.

첫째, 중국이나 그 이웃 나라와의 전쟁이 셀 수 없이 많았으나, 한 나라와 이렇듯 오랫동안 여러 차례 반복된 경우는 없었다. 흔히 맞은 데 또 맞으면 더 아프다고 한다. 전쟁은 더 말할 나위 없다. 상처가 아물 새도 없이 다시 덧나는 고통이었다.

둘째, 정권을 지키기 위한 헛된 명분의 싸움이었다. 앞서 몽골은 왕의 친정을 요구하였다고 했다. 그러니 최씨 정권은 나라를 지킨다는 미명 아래 사실 자기네 정권을 지킨 것이다. 이는 적에게 항복하지 않고 꿋꿋이 싸운 의로움을 깎아 내리려는 뜻이 아니다.

수도를 버리고 지도자가 자리를 옮긴 경험을 우리는 여러 차례 가지고 있다. 임진왜란 때 선조가 그랬고, 한국전쟁 때 이승만이 그랬다. 피치 못할 사정이었으나 얼마나 치욕스러웠는가. 수도를 옮겨 가며까지 싸운 본뜻이 정권 유지에 있었다면 더 참담하다. 그사이 불탄 팔만대장경을 다시 새기지만, 그래서 오늘날 우리는 남겨진 대장경을 자랑스러워하지만, 이 일 또한 백성의 관심을 다른 데로 돌려 보자는 의도에서 나왔을 뿐이다.

대몽 항쟁기 30년은 백성에게 피눈물 나는 고통의 세월이었다.

# 몽골 간섭기

## 무신 정권의 최후와 간섭기의 시작 🌿

막강한 권력으로 4대에 걸쳐 무려 60년간 유지한 최씨 정권은 고종 45년(1258) 3월에 막을 내린다. 《고려사절요》는 "유경과 김인준 등이 최의를 죽였다"라고 짤막하게 기록하였다. 최의는 최씨 집안의 4대주였다. 물론 이로써 무인 정권이 끝난 것은 아니었다. 유경과 김인준 또한 무인이었다.

김인준은 본디 최씨 집안의 종이었던 김윤성의 아들이다. 활을 잘 쏘고 말을 잘 타 일찍이 2대주 최이에게 발탁되었고, 최항이 3대주의 권력을 이어받는 데 공을 세워 입지를 다졌다. 그런 그가 자기 주인을 물어 버린 것이다.

권력은 십 년을 가지 못한다 했다. 김인준은 이름을 김준으로 바꾼 뒤, 권력이 누릴 호사의 극치에서 그 또한 부하들의 손에 하릴없이 목숨을 앗겼다.

왕이 김준을 꺼리는 것을 알고…… (강윤소가) 여러 번 왕에게, "여러 공신들이 모두 준과 사이가 좋은데 오직 임연만은 붙지 않습니다" 아뢰었다. 또 임연에게 "나라 형세가 위태한데 장차 어찌하려는가?" 말하니, 연이 "왕께서 명하시면 내가 어찌 목숨을 아끼겠는가" 답하였다. 윤소가 그대로 아뢰니 왕이 "참 충신이다" 하였다.

《고려사절요》 원종 9년(1268) 12월

여기서 왕은 원종이고, 임연은 왕의 비호 아래 김준을 제거한다. 임연 또한 무인이다. 그러나 임연의 권력은 순탄하지 못했다.

원종이 김준에 이어 임연까지 제거하려 하자, 임연은 "앉아서 죽임을 당할 수 없다" 하고, 아예 왕을 폐위한 다음 안경공 왕창을 받들어 왕위에 앉히려 하였다. 반역의 칼을 든 것이다. 그러나 이를 거스르듯 "홀연히 비바람이 크게 일어나서 나무를 뽑고 기와를 날렸다"는 1269년 6월의 《고려사절요》 기록은 매우 상징적이다. 무엇보다 몽골에서 이 일에 반대가 심하였다.

부득이 임연은 여러 신하와 의논하여 왕창을 폐하고 다시 원종을 왕으로 세웠다. 몽골에서 이를 문제 삼자 원종은 해명을 위해 북경으로 떠난다. 원종이 나중에 충렬왕이 될 아들과 함께 다시 북경을 떠나 고려로 향한 것은 1270년 2월이었다.

크게 일을 벌였다 낭패한 임연은 전전긍긍했다. 재빨리 야별초를 보내 여러 고을을 돌아다니며 백성들을 독촉하여 섬에 들어가 살게 하였다. 최씨 정권 시절부터 써먹던 전형적인 소개 작전이었다. 그러나 이 와중에 임연은 근심과 번민으로 등창이 터져 죽었다.

임연의 죽음으로 100년 무신 정권은 끝났다. 석 달 뒤인 5월, 아비의 힘으로 호가호위하던 그의 아들 임유무도 목숨을 잃었다.

무신 정권의 완전한 종식은 곧 본격적인 몽골 간섭의 시작을 뜻한다. 그 간섭의 첫 번째가 환도 요구였다. 그때까지도 고려 정부는 아직 강화도에 있었다.

왕이 먼저 상장군 정자여와 대장군 이분희를 보내, "황제께서 행성의 튀렝게 국왕, 조 평장 들로 하여금 군사를 거느리고 과인을 호위하여 귀국하게 하면서, '경이 돌아가 나라 사람들을 깨우쳐 다시 옛 서울에 도읍하면 우리 군사가 곧 돌아오겠지만, 만일 명령을 거역하는 자가 있으면 그 자신뿐 아니라 처자까지 포로로 하겠다'고 하셨다" 일렀다. 《고려사절요》 원종 11년(1270) 5월

원종이 북경을 떠날 때의 상황이다. 여기서 두 가지가 눈에 밟힌다. 첫째, 그토록 개경 환도를 요구하는 몽골 정부의 끈질김. 둘째, '몽골' 군대의 호위를 받으며 귀국하는 우리 왕.

그렇게 무신 정권이 완전히 끝나며 몽골의 간섭기가 본격적으로 시작되었다.

# 삼별초 정부와 아시아 대전

원종은 5월 23일, 신하들과 함께 옛 서울인 개경으로 돌아가기로 한다. 이에 불만을 가진 한 세력이 있었다. 바로 강화도의 삼별초이다. 그들은 "다른 마음이 있어 좋지 않고 제 마음대로 창고를 열었다"고 《고려사절요》는 기록하고 있다.

삼별초는 누구이고, 그들이 품었다는 '다른 마음'이란 무엇일까?

옛날 최이가 도성 안에 도둑이 많으므로 용사를 모아 밤마다 돌아다니며 폭력을 금하게 하고, 이로 인하여 야별초라 이름하였다. 도둑이 여러 도에서 일어나므로 야별초를 나누어 보내 잡게 했는데, 그 군사가 너무 많아져 둘로 나누어 좌·우별초를 만들었다. 또 우리 나라 사람 가운데 몽골에서 도망하여 돌아온 자로 한 묶음을 만들어 신의군이라고 이름하였으니, 이것이 삼별초이다.

《고려사절요》 원종 11년(1270) 5월

야별초로 출발하여 세 무리의 군사 부대가 만들어졌다는 삼별초에 관한 설명이다. 삼별초의 설명으로서는 지금 이 내용이 거의 교과서처럼 쓰인다.

삼별초는 최이 때부터 줄곧 정권의 사병이었다. 사병의 역할은 냉정한 것이다. 실력자의 칼날이 되어 주어야 한다. 심지어 최의를 죽이고 김준에게, 김준을 죽이고 임연에게 힘을 주었다. 배신이 당연하고, 그것만이 먹고살 길이었다. 임연 부자를 죽인 것도 삼별초였다.

그런데 임유무를 죽이며 삼별초는 처음으로 왕의 편을 들어준다. 사실 그것은 임유무 정권이 무너진 뒤에 다음 실력자는 왕이 될 것이라 보았기 때문이다. 왕으로부터 경제적인 시혜 조치를 기대했다는 말이 된다. 게다가 왕의 시혜를 받는다면 이제 그들은 사병이 아니라 왕의 군대, 곧 정규군이다. 삼별초의 '다른 마음'이란 바로 이를 두고 하는 말이다.

환도를 결정한 이틀 뒤인 5월 25일, 왕은 불만스러워하는 삼별초를 불러 달래려 했다. 그러나 결렬되었다. 삼별초의 '다른 마음'을 알아주지 않았다는 증거이다. 그런 와중에 5월 27일, 왕은 몽골 군사의 호위를 받으며 개경에 입성하였다.

삼별초로서는 낭패였다. 왕이 먼저 강화도로 오면 왕을 호위해 개경으로 가고, 그러면 삼별초는 왕실을 지킨 정규군이 될 수 있었다. 무인 정권의 사병이 아니라 왕조의 정식 군대로 거듭날 기회였다. 그런데 왕은 삼별초의 손을 잡아 주지 않았다. 그들의 실망은 이만저만이 아니었다.

사실 삼별초는 우리 역사에서 아픈 손가락 가운데 하나이다. 권력의 충견으로 사병이라는 점에서는 값어치 없는 집단이었지만, 역사에서 한 역할을 해낸 부분에서는 깎아내릴 수만도 없다.

눈을 돌려 잠시 1945년 가을로 날아가 보자.

식민지 상태인 나라를 떠나 해외에서 활동하다, 해방된 조국으로 돌아오는 여러 무리가 있었다. 그 가운데 세 무리의 대표를 눈여겨

보자. 이승만, 김구와 임시정부, 광복군의 이범석이다.

당시 남한을 점거한 미군정 당국의 기본 입장은 이들의 귀국 방법에 대해 같았다. 교통편은 마련해 주되 개인 자격으로 올 것. 그런데 같은 방법이라도 겉으로 보이는 모양은 달랐다.

이승만은 가장 먼저 1945년 10월, 미군정청장 하지 중장과 함께 도쿄에서 비행기를 타고 귀국하였다. 단신이었지만 막강한 배경이 거기에 그려진다. 김구는 한 달 뒤, 이범석은 다음 해 5월에야 일행과 뿔뿔이 흩어지다시피 나뉘어 귀국하였다. 벌써 힘이 빠진 모습이다.

임시정부 요인이 광복군의 엄호 속에 같이 귀국했다면 해방 정국은 어떻게 되었을까? 그러나 현실은 호위 받듯 미군과 함께 서울에 들어온 친미파 이승만으로 힘이 모이고, 그것은 새삼 몽골군과 함께 개경에 돌아오는 원종을 떠올리게 한다. 불행한 역사는 그렇게 한 치의 틀림 없이 반복되는 것일까.

삼별초에 대한 원종의 냉대는 손을 놓는 것에서 끝나지 않았다. 원종은 1270년 5월 29일, 삼별초를 혁파할 것을 명령하고 그들의 명부를 빼앗아 온다. 압수 수색 영장이 집행된 것이다.

삼별초로서는 달리 방법이 없었다. 이제는 파국, 남은 것은 저항이고 반역뿐이다. 그들은 6월 3일 강화도를 떠나, 8월 19일 진도에 새로운 거점을 마련하는 데 성공한다. 이어 11월에는 제주도까지 점령한다. 지금의 항파두리가 그곳이다. 진도는 1271년 5월 정부군과 몽골 연합군의 공격을 받고 무너졌지만, 항파두리는 1273년까지 꿋꿋이 버텨 냈다.

지도자는 배중손이었다. 그는 단순한 쿠데타가 아닌 새로운 왕조를 기획하였다. 왕족인 왕온을 추대하여 왕으로 삼고, 관부를 설치하고 유존혁과 이신손을 좌우 승선에 앉혔다. 물론 순조로운 과정은 아니었다. 실무 능력을 갖춘 관료 출신이 필요했기에 정문감을 승선으로 앉게 했더니, "적에게 붙어서 부귀를 누리느니 차라리 지하에서 몸을 깨끗이 하겠다"며 물에 빠져 죽었다. 그의 아내 변 씨도 몸을 던졌다.

이런 와중이었지만 삼별초 자치 정부는 4년을 갔다. 진도에서는 전라도 안찰사를 시켜 세금을 거두게 하고, 제주도를 함락할 때는 진압하러 온 관군을 모조리 죽이기도 했다.

지난 1970년대의 군사 정부 시절에는 삼별초에 대한 추앙이 대단하였다. 몽골군에 저항하여 끝까지 싸운 사실을 무척 크게 부각시켰다. 부패하고 무능한 문인 관료와 달리, 삼별초는 멸사봉공의 정신으로 나라를 지킨 무인의 표상이었다.

군사 정부는 삼별초를 자신들과 동일시하는 것 같았다. 실로 박정희나 전두환의 집권은 군인으로서 13세기 무인 정권 이래 처음 있는 일이며, 자기들은 무인 정권처럼 나라와 민족을 위해 목숨 바치는 결기로 뭉쳤다고 선전했다. 그렇게 선전하는 데에 무인 정권, 특히 삼별초는 매우 적절했다. 20세기 군사 정권의 눈에 비친 삼별초의 역사적 역할이란 이런 것이다.

그러나 본질적으로 삼별초는 그런 집단이 아니었다. 멸사봉공으로 설명해도 맞지 않다. 삼별초의 투쟁은 이념 이전에 자기들의 생계가 걸린 문제였다. 그런데 이와는 다른 역사의 '큰 그림'을, 삼별초는 자신들이 알았든 몰랐든 그려 내고 있었다. 이 그림이 중요하다.

몽골, 곧 원나라가 고려를 굴복시킨 뒤에 다음 정벌 순서는 일본이었다. 이때 일본은 가마쿠라 막부 시절이었다. 막부란 고려의 무신 정권과 비슷한 무인 정부이다. 몽골은 고려를 친 것과 똑같은 명분으로 일본을 치려 하였다. 가마쿠라 막부는 다가오는 전쟁의 그림자에 두려워 떨었다.

그런 그들에게 한 가지 복음과 같은 소식이 들려왔다. 고려에서 한 무리의 군인 집단이 새로운 왕에다 새로운 정부를 세웠다는 것이다. 바로 삼별초였다.

사실 몽골과 고려가 연합하여 섬으로 쳐들어오면 가마쿠라 막부로서는 막을 도리가 없었다. 고려 하나도 버거운데 막강한 몽골이 연합하니 더 말할 나위가 없다. 그런데 삼별초가 세운 새 정부라는 변수가 생겼다. 삼별초 정부와 연합한다면 일본은 일방적인 수세에서 벗어난다. 아니, 고려와 몽골군을 가운데 놓고 협공할 수도 있다. 삼별초가 차지한 제주도라는 위치 때문이다. 앞서 역사의 큰 그림이란 이를 두고 하는 말이다.

삼별초와 그 정부는 아시아 전체의 전략적 구도를 흔들어 놓았다. 동아시아 전체 구도에서 본다면, 제주도는 전략상 매우 뛰어난 요충지이다. 아직 중국 본토에서는 남송이 버티고 있었다. 쿠빌라이 카안은 고려를 접수하고, 고려와 남송을 협공할 생각을 하고 있었다. 그럴 경우 제주도는 협공의 기지창이 된다. 그런데 그런 제주도를 삼별초가 점령하고, 거기에 더하여 삼별초는 정부를 선포하였다. 삼별초 정부는 곧이어 가마쿠라 막부에 사신을 보내고 이어 남송에도 소식을 알렸다.

그렇다면 어떤 구도가 되는가?

바다를 가운데 두고 중국과 한반도, 그리고 일본 열도가 서로 싸우는 대전大戰의 모양새가 갖추어진다. 이른바 '아시아 대전'이다. 이 경우 바둑으로 치면, 제주도는 전장의 승부패이다. 승부패란 바둑에서 승리하는 결정적인 묘수를 말한다.

그런 승부패를 삼별초가 쥐고 있었다. 그러므로 삼별초 정부는 작지만 결코 무시할 존재가 아니었다. 일본의 가마쿠라 막부는 적극적으로 손잡자 하였고, 남송 또한 몽골과 손잡은 고려 정부를 버리고 삼별초 정부에게 왕을 책봉해 주었다.

몽골은 사실 계획이 있었다. 이제 곧 남송을 집어삼키고 거기다 일본까지 접수하면 세계 정복은 완성된다. 그런데 그 순간을 앞두고 공격의 선봉이 무뎌졌다. 오직 삼별초요, 제주도 때문이었다.

사족 한 마디.

이를 제2차 아시아 대전이라 이름 붙여야 한다. 그렇다면 제1차 아시아 대전은 언제일까?

신라와 당나라가 연합하여 백제를 치자, 일본의 나라 정부는 구원군을 보내 백마강에서 한판 붙었다. 663년 8월의 일이었다. 이른바 '백강 전투'인데, 이를 제1차 아시아 대전이라 부를 만하다. 같은 구도라면 임진왜란은 제3차 아시아 대전이요, 그 뒤에는 청일 전쟁과 러일전쟁에서 태평양전쟁까지 이어지는 제4차 아시아 대전이 있었다.

아시아 대전은 거듭된다. 지금 논란이 된 제주도 모슬포에 짓는 해군 기지를 보자. 만약 다시 아시아 대전이 벌어진다면 그것이 우리의 승부패가 될까? 군사 기지를 환영하자는 말은 결코 아니다. 그러나 쉽게 버리지도 못해 고민한다.

## 몽골 간섭기 100년

몽골 정부는 고려에게 삼별초의 진압을 독촉하였다. 아시아 대전을 막아야 했다. 대전으로 번지면 천하의 몽골도 쉽지 않았다. 반드시 일본과 남송을 순차적으로 정복해 나가야 한다. 그러자면 재빨리 삼별초를 잡아 제주도를 차지하고, 걸림돌을 제거해야 했다.

이후 경과는 어떻게 진행되었는가.

1273년에 삼별초가 진압되었다. 몽골은 재빨리 제주도에 탐라총관부를 설치하였다. 남송을 견제하고 일본 정벌의 전진 기지로 쓰기에 이보다 좋은 곳이 없었다. 1274년 고려와 몽골 연합군이 일본으로 쳐들어간다. 물론 실패했다. 방향을 바꾸었다. 1279년 몽골은 남송을 정복한다. 중국 전체를 한손에 넣은 것이다.

1280년 몽골은 고려에 정동행성을 설치한다. 동쪽, 곧 일본을 치러 가는 전방 사령부라는 뜻이다. 다음 해 1281년, 고려와 몽골 그리고 중국 연합군이 다시 일본으로 쳐들어간다. 역시 성공하지는 못했다. 이로부터 일본 정벌은 계획으로만 그친다. 1294년 쿠빌라이 카안이 죽자 더 이상 무리한 전쟁을 펼치기 어려웠던 것이다.

아시아 대전은 몽골에게 절반의 성공이었다. 남송을 물리치고 중국을 모두 차지하였지만 일본은 끝내 손아귀에 넣지 못하였다. 삼별초 때문에 중단된 4년의 공백이 초래한 결과로 보인다. 아시아 대전은 그렇게 끝이 났다.

고려의 13세기를 기준으로 우리의 관심은 일단 여기서 막을 내리기로 한다. 하지만 몽골 간섭기는 13세기를 넘어 14세기 중반까지 이어졌다. 1356년, 공민왕이 일으킨 병신정변으로 고려가 몽골의 영향에서 벗어날 때까지였다. 그러니 무려 100년이다. 인종, 제도, 문화에 걸쳐 변하지 않은 것이 없다 해도 좋을 기간이었다. 몽골은 그만큼 강력했다.

다른 한편, 몽골이 개척한 길을 따라 고려도 무역과 교류의 기회를 넓힐 수 있었다. 어느 날 문득 세계의 통로에 연결된 것이다. 그러나 아쉽게도 고려는 그런 기회를 잘 살리지 못했다.

# 일연은 몽골을 어떻게 보았을까

## 삼국유사 속의 '서산'

일연이 만년에 끝내 손 놓지 못한 저술이 《삼국유사》이다. 일연의 생애 전부가 몽골의 영향 아래였음을 생각하면, 이 책 또한 그 영향의 흔적이 남아 있다. 그러나 직접적이라기보다는 간접적이라고 해야 할 것이다. 일연 당시에 대놓고 몽골에 당한 참상을 기록한다거나 비판하는 일은 불가능했다.

다만 한 단어에서 간접적인 직접을 볼 수 있어 흥미롭다. 그것은 '서산西山'이다. 모두 세 군데에서 나온다.

○ 일찍이 몽골군의 침략西山大兵을 받은 다음 불전과 탑은 타버렸고, 이 돌 또한 매몰되어 거의 땅 높이와 비슷해졌다.

《삼국유사》 탑상, 〈가섭불 연좌석〉에서

○ 몽골과의 전쟁西山兵火 통에 탑과 절, 그리고 장륙존상과 건물들

이 모두 불에 탔다. 　　　　　　　　《삼국유사》 탑상, 〈황룡사 구층탑〉에서

◉ 몽골과의 큰 전쟁西山大兵 이래 계축년과 갑인년 연간에 두 성인
의 진용과 두 개의 보물 구슬은 양주성으로 옮겨 들였다.

　　　　　　　　　《삼국유사》 탑상, 〈낙산이대성 관음 정취 조신〉에서


첫 번째는 황룡사의 가섭불이 불타 사라진 일, 두 번째는 황룡사
의 구층탑과 장륙존상 그리고 절이 불타 없어진 일, 세 번째는 낙산
사의 소장품을 양양의 관청 안으로 옮긴 일을 적고 있다. 이 세 가지
일이 일어난 공통 원인이 '서산의 전쟁西山兵火'이다.

'서산의 전쟁'이란 무엇을 가리키는가. 바로 몽골과의 전쟁이다.
곧 서산은 몽골을 말하는 것이다. 그래서 위의 번역에서도 서산을
모두 몽골로 바꾸었다.

그런데 왜 몽골을 서산이라고 표기한 것일까.

몽골을 가리키는 이 표기가 《삼국유사》에는 세 군데 나오지만,
다른 문헌에서는 좀체 찾을 수 없고, 정작 이런 표기의 근거도 대기
쉽지 않다. 무슨 뜻으로 '서산'이라는 말을 쓰는지, 아쉬운 대로 찾
아 본 전거는 다음과 같다.


본디 배치했던 다루가치 보르카바르, 바투르 일행들은 모두 서
**쪽으로** 돌아오라 명령하였다. 　　　《고려사》 원종 원년(1260) 8월 17일


이 기록은 고려 원종 원년 8월, 왕희가 몽골에서 조서를 가지고

돌아오는데, 그 두 번째 조서 가운데 나오는 내용이다. 고려에 주재하는 몽골 총독인 다루가치에게 '서쪽으로' 돌아오라고 명령하고 있다. 여기서 서쪽은 원, 또는 몽골을 가리킨다. 개성을 기준으로 서쪽이라는 뜻일 터이다.

> 금나라가 요나라 평주 사람 장곡을 요흥군 절도사로 임명하였다. 요나라 임금 야율연희가 **서산으로 달아났을 때** 평주의 군사가 반란을 일으켜 절도사 소체리를 살해하자, 장곡이 반란을 일으킨 군사를 어루만져 안정시키니, 평주의 백성들이 장곡을 추대하여 평주의 일을 관장하도록 하였다.　《치평요람》 제121권

이 기록은 《어비 역대통감 집람》 제81권 〈송 휘종황제〉에 나오는 글을 《치평요람》에서 인용한 것이다. 여기서 '야율연희가 서산으로 달아났을 때'를 주목해 본다. 금나라는 1120년 요나라의 상경을, 1121년에는 중경을 함락하였다. 요나라의 야율연희는 거용관에서 사냥을 하는 등 엉뚱한 짓을 일삼다 내몽골 쪽으로 달아났다. 그렇다면 '서산'과 '내몽골'이 연결된다. 몽골을 서산이라 부른 예로 볼 수 있다.

위의 두 가지 용례로 충분한 전거가 되지는 못하지만, 관례적으로 몽골을 일러 서산이라 불렀다고 짐작해 볼 수는 있다. 중국이나 고려를 기준으로 몽골은 서쪽에 위치해 있기에 자연스럽다.

또 다른 용례로 '서산=몽골'을 추정해 보자면 다음과 같은 기록

을 볼 수 있다.

쿠빌라이 카안은 금과 남송을 차지한 뒤,《주역》의 '대재건원大
哉乾元'이라는 구절에서 따와 '대원大元'이라는 국호를 정하였다. 우
리가 흔히 부르는 '원'이라는 나라 이름이 여기서 나왔다. 고려에도
사신을 보내 국호를 대원이라 하였음을 알렸다.

이후 고려에서는 공식적인 문서에 당연히 대원을 썼고, 스스로는
동번東蕃이라 하였다. 동쪽 나라라는 뜻이다. 유청신이라는 사람의
전기에 "고려는 동번이 되어 때로 현저한 공헌을 했으며, 누대에 걸
쳐 공주와 혼인하는 것이 관례입니다"와 같은 기록이 나온다.

그렇다면 고려는 동번이고, 이에 대응하여 몽골을 가리키면서 서
산이라는 말을 썼을까?

다시《삼국유사》로 돌아가 일연이 이런 표기를 택한 까닭과 그
입장을 알아보자. 좀체 다른 문헌에 보이지 않는 '서산=몽골'을 일
연이 서산, 서산병화, 서산대병처럼 세 번이나 쓰고 있는 점에 주목
해 보았다. 이는 분명 몽골과의 전쟁을 직접적으로 표기하기가 자
유스럽지 못한 상황에서의 궁여지책으로 보인다.《삼국유사》를 완
성할 무렵은 몽골의 간섭기에 들어선 13세기 후반이고, 국사의 신
분에 올랐던 일연은 정치적으로 매우 조심스러운 자리에 있었다는
점을 생각해야 한다. 그런 처지에서 '서산대병'이나 '서산병화'는
'몽골과의 전쟁'을 나타내는 가장 완곡한 표현이라 보인다.

비슷한 예를 찾기 위해 일제강점기 때를 떠올려 보자. 일본을 가
리키던 '내지內地'라는 말에 얽힌 사연이다.

당시 우리에게 일본을 지칭하는 여러 표현이 있었는데, '대일본제국' 같은 저들의 공식 칭호를 쓰기는 꺼려지고, 그렇다고 '왜나라' 같은 비칭은 감히 입에 올리기 어려울 때 흔히 쓴 말이 '내지'였다. 섬나라 일본은 대륙으로 봐서는 당연히 외지이나, 저들이 스스로 자신을 중심에 두면서 내지라 부르므로 고까우면서도 원하니 불러 주자는 것이다. 그런데 워낙 말이 안 되는 말이어서 쓰면 쓸수록 말을 만든 저들을 비아냥대는 결과가 되었다. 존칭이 아니라 실질적인 비칭이 되는 것이다.

서산이라는 칭호 또한 그런 뜻을 품고 있지 않았을까.

마치 내지처럼 서산 또한 비칭은 아니다. 이에 견주어 동번은 외지 같은 말이다. 우리를 동번이라 부르면서 몽골을 서산이라 하면 분명 존칭이다. 그러나 거기에 몽골 초원 출신의 저들을 산처럼 떠받들겠다는 마음까지 들어간 것은 아니었다. 솔직히 산도 없는 지역이 아닌가. 일본이 내지가 될 수 없는 것처럼 몽골도 산이 될 수 없고, 안 되는 말을 쓰는 밑바탕에는 겉으로는 높이는 척하며 진짜 속내를 감추는 복잡한 마음이 도사려 있었던 것이다.

이것은 몽골에 대한 일연의 생각과 태도를 잘 보여 준다. 국사의 신분까지 오른 처지에 함부로 붓끝을 놀릴 수 없다. 말 한마디로 자칫 민감한 외교 문제를 일으켜서는 안 된다. 그렇다고 대원이라고 쓰기는 싫다. 가장 적당한 수준의 표현이 서산이었다고 보인다.

# 서러운 마음 한 자락

그런데 앞서 인용한 '서산'이 들어간 세 가지 기록은 모두 13세기 일연 당대에 벌어진 일을 다룬 것이다.

《삼국유사》에는 특색이 하나 있다. 고려 이전 삼국의 역사를 다루는 책이지만, 필요에 따라 고려의 현재가 반영된 기사를 적는다는 점이다. 곧 일연은 사건의 장소가 되는 곳의 현재 상태를 몸소 답사하며 기록에 남기기를 즐겨 했다. 이것은 특히 탑과 불상, 그리고 절을 소개하는 〈탑상〉 편에서 두드러진다. 위의 세 가지 기사가 모두 여기 실려 있다.

승려로서 일연이 신라 시대에 만든 불교 유적을 각별한 애정으로 기록하는 것은 당연하다. 그런데 위 세 가지에는 애로 사항이 하나 있다. 어떤 식으로든 황룡사 구층탑 같은 보물의 근황을 남기자니, 소멸된 이유를 밝혀야 한다. 그러려면 전쟁을 언급하지 않을 수 없고, 안타까움과 분노의 시선은 몽골로 향해야 한다.

그런데 대놓고 몽골이라 말하기는 곤란하다. 고려 조정을 휘어잡고 감시의 눈을 번뜩이는 다루가치와 그 무리가 있지 않은가. 그러므로 조심스럽고 완곡하게 사실의 전달을 위해 노심초사한 흔적이 '서산' 같은 용어로 나타났다고 보인다.

조심스럽고 완곡한 표현.

이것은 약한 자의 비극이다. 얻어맞고도 맞았다고 말도 못 한다.

사실 일연의 현실 대응 태도는 극단적인 투쟁으로 기울지 않았다. 시대의 한계였고 일연 개인의 심성 탓이었으리라. 그렇다고 소극적이었는가? 그렇지만은 않았다. 남겨야 할 기록은 고집스럽게 남겼다. 다만 현실 여건을 고려했을 뿐이다. 융통성이다.

이런 일연의 판단은 적절했다고 보인다. 굳이 전쟁의 참화로 무너진 유적의 상황을 기록으로 남긴 데에는, 역사에 편입한 말없는 그 유적이 증언해 줄 뒷날을 도모한 것이다. 이제 우리의 눈에는 그 의지가 읽힌다.

황룡사 구층탑의 경우를 다시 보자.

이 탑이 몽골과의 전쟁 통에 불타 없어졌다는 기록은 일연 외에 고려 사람 누구도 쓰지 않았다. 오로지 《삼국유사》의 〈황룡사 구층탑〉 조에만 나온다. 일연은 먼저 창건 이래 벼락 맞아 일부분 소실된 탑을 고쳤던 내력을 자세히 적는다. 탑을 만든 뒤 무려 600여 년 동안 여섯 차례에 걸쳐 고쳤다. 그런 귀한 탑이 몽골 전쟁 때 기어이 불타고 말았다 하였다.

이 분노를 어떻게 풀 것인가.

600년 탑이 하필 자기 시대에 불타 없어졌다. 어떻게 서러운 마음 한 자락 남길 것인가. 일연은 기록 하나로나마 분노와 서러움을 달래야 했다. 사소한 듯하지만 '원'이라는 공식 명칭 대신 들어간 '서산'에는 일연의 슬픈 자존심이 어른거린다. ✿

# 고려와 일본

일본의 허깨비 같은 '사대놀이'는 그치지 않았다. 그런 일본에게 여몽 연합군은 치명적이었다. 제대로 임자를 만난 꼴이었다. 고려와 몽골에서 사신을 보내올 때마다 가마쿠라 막부의 쇼군은 등골이 오싹했다. 이 판에 자기중심주의 외교가 웬 잠꼬대란 말인가.

# 13세기 이전의 일본

## 끊이지 않는 왜의 위협

13세기 후반 고려 사회를 요동치게 만든 사건은 일본 정벌이었다.

지리적 위치로 볼 때 신라와 일본, 곧 왜의 관계는 늘 긴장의 연속이었다. 처음에는 중앙 정부와의 긴장이라기보다, 일본 열도 남서쪽의 작은 부족 집단들이 저지르는 잦은 침략 때문에 생기는 긴장이었다. 그러나 중앙 정부가 점차 백제와 가까워지면서 신라와 갈등이 심해지고, 그것은 신라의 삼국통일 이후에도 이어진다.

개원 10년은 임술년(722)인데, 처음으로 모화군에 관문을 지었다. 지금 모화촌은 경주의 동남쪽 경계에 속하고, 일본을 방어하는 요새이다. 둘레가 6,792보이고 높이가 5척이다. 일한 사람이 39,262명이며 맡아서 한 이는 원진 각간이다.

《삼국유사》 기이, 〈효성왕〉에서

신라가 삼국을 통일한 다음인 효성왕 때 지은 모화촌 관문에 관한 기사이다. '일본을 방어하는 요새'라고 용도를 분명히 설명한다. 일본을 방어하기 위한 조치는 이것 말고도 여러 가지이다. 특히 동해에서 경주로 들어오는 형산강은 그대로 왜적의 침입로 역할을 했다. 이에 왕궁을 월성으로 옮기고 거기에 성을 쌓은 것도 침입하는 왜적을 방어하자는 목적이 컸다.

이런 일은 성을 쌓는 데 그치지 않았다. 탑을 하나 세우는 데도 신라 사람의 머리에는 왜적이 떠나지 않았다.

또 해동의 명현 안홍이 편찬한《동도성립기》에는 이런 기록이 있다.

"신라 제27대에 여왕이 임금이 되자, 비록 도는 있어도 위엄이 없어 구한이 침범해 왔다. 용궁의 남쪽 황룡사에 구층탑을 건립하여 이웃 나라로부터 당하는 재앙을 잠재울 수 있었다. 제1층은 일본, 제2층은 중화, 제3층은 오월, 제4층은 탁라, 제5층은 응유, 제6층은 말갈, 제7층은 단국, 제8층은 여적, 제9층은 예맥이다."

《삼국유사》탑상, 〈황룡사 구층탑〉에서

황룡사 구층탑의 9가 뜻하는 바가 무엇인지 설명하면서, 이는 곧 외적으로부터 신라를 보호하기 위해서라는 것이다. 그런데 그 첫머리에 일본이 자리잡고 있다. 왜적의 침입이 얼마나 골칫거리였는지 잘 보여 주는 예이다. 중국조차 두 번째로 밀려 있다.

이는 지리적으로 비슷한 상황이었던 가야의 경우도 마찬가지다.

제8대 질지왕 2년 임진년(452)에 이르러 그 땅에 절을 지었고, 또 왕후사를 창건하여 지금까지 복을 빌고 있다. 아울러 남쪽 왜구를 다스리고자 한바, 이 같은 사실은 이 나라의 본기에 보인다.

석탑 실은 비단 돛배, 붉은 깃발도 가벼이
신령께 빌어 험한 파도 헤치고 왔네.
여기까지 이르려 한 허황옥만 도왔으랴.
오래도록 남쪽 왜구 성난 고래를 막아 주었네.

《삼국유사》 탑상, 〈금관성 파사 석탑〉에서

가야의 금관성 파사 석탑에 얽힌 이야기의 마지막 부분이다. 일본을 가리켰을 '남쪽 왜구'라는 표현이 눈길을 끈다. 가야 입장에서도 일본은 다스려야 할 존재였다.

아울러 일연은 시 한 편으로 이야기를 정리한다. 석탑은 허황옥이 자기 고향인 아유타국에서 출발할 때 파도를 이기라고 아버지가 실어 준 것이다. 일연은 이를 찬미하면서 가야 금관성의 석탑이 세워진 경위를 적었다. 그러면서 마지막에 왜적을 '성난 고래'로 비유한 것이 또 눈길을 끈다.

일본에서 신라, 또는 백제로 가자면 거쳐야 하는 한반도의 남동해안에 왜적이 얼마나 자주 침범했는지 알 수 있는 대목이다.

## 왜나라에서 일본으로

663년 백제가 멸망하자, 일본 열도와 한반도의 공식적인 교류는 급격히 감소한다. 알고 있다시피 그때까지 일본의 대륙 문화 이입은 백제를 통해 이루어졌고, 저들의 왕실마저 백제계나 그에 가까운 세력이 실권을 쥐고 있었다. 백제는 일본의 소식통이었다.

그런데 그런 소식통의 멸망은 곧 교류의 단절을 뜻했다. 더욱이 신라와 오랜 적대 관계였던 왜로서는, 신라가 통일을 이룬 다음 그 칼끝이 자신을 향하여 오지 않을까 전전긍긍했다. 왜와 신라 사이의 활발한 교류란 있을 수 없었다.

다만 덴무왕(673~686) 이후가 신라계라는 학설도 있으나, 어쨌든 일본은 이 기회에 오히려 독자적인 정치와 문화를 구축하려 했다. 그리고 그 같은 의지는 한반도 삼국이 통일된 다음 '일본'이라는 국호의 정식 사용으로 나타난다.

왜나라가 이름을 일본으로 바꾸었다. 스스로 말하기를 해가 뜨는 곳에 가까이 있다 해서 그렇게 이름 지은 것이다.

《삼국사기》, 문무왕 10년(670) 12월

문무왕 10년이라면 백제가 멸망하고 7년 뒤이다. 위 기사는 일본이라는 국호가 이때부터 쓰였다는 사실을 보여 준다. 이는《신당서》의 기록에, 일본이 중국에 사신을 보내서 한 말과 같다. 같은 사신을 신라에도 보냈는지는 알 수 없다. 《삼국사기》가《신당서》를 인용했다고 보아야 할 듯하다.

그러나 이 같은 사실이 어떤 경로로든 이제 막 통일을 이룬 신라에 전하여졌을 것은 분명하다. '왜'라는 이름을 버리고 '일본'이라는 국호를 만들어 중국에 알린 것은 일본이 백제로부터, 나아가 한반도로부터 '독립 선언'을 한 것처럼 보인다. 중간을 거치지 않고 중국과 직접 교류하겠다는 것이다. 백제의 멸망은 일본 열도에 일대 파장을 던진 셈이다.

어쨌건 이런 7세기 이후야말로 일본이 본격적인 고대 국가로서 틀을 갖추어 나간 시기이다. 율령제가 자리를 잡고, 영토가 넓어지며, 왕실의 권위와 힘이 발휘되었다. 그런 힘을 바탕으로 일본 왕실은 이제 한반도를 통하지 않고 중국과 직접 교류하며 대륙 문화를 흡수하기 시작한다. 빈번해지는 견당사(遺唐使, 일본에서 당나라로 보내던 사신)의 존재가 그것을 웅변한다.

물론 신라에 사신을 보내는 등의 외교 활동은 간헐적으로 이어졌다. 그러다가 고려 초기에 오면 다시 사절이 오가고 상선의 왕래가 재개되기는 하나, 그 양상은 7세기 이전과 같을 수 없었다.

## 가미카제를 이길 만파식적

신라와 일본 관계의 가장 극점에 서 있는 것이 문무왕의 수중릉과 만파식적이다.

삼국 통일을 실질적으로 완수한 이는 문무왕이다. 살아서 통일을 이루었을 뿐만 아니라, 죽은 다음에도 외적에게서 나라를 지키려는 그의 노심초사는 끝이 없었다.

문무왕은 신라를 길이 보전할 마지막 방책으로 "수중에 묻혀 동해의 용이 되겠다"고 했다. '외적으로부터 나라를 지키겠다'는 것인데, 구체적인 언급은 하지 않았지만 외적은 일본을 지목하는 듯하다. 사실 통일 이후 더 위험한 존재는 중국이었다. 그런데도 일본 쪽에 무게가 실리는 것은 지정학적인 오랜 관행 때문이었다.

수중릉은 곧 만파식적으로 이어진다.

일연은 《삼국유사》에 이 만파식적 이야기를 자세하게 적어 놓았다. 신문왕이 아버지 문무왕을 위해 감은사를 지었는데, 거기에 가까운 바닷가 작은 섬 하나가 문무왕의 수중릉이다. 그리고 이 섬에서 아버지가 준 대나무를 얻어 만든 피리가 곧 만파식적이라는 것이다. 수중릉 자체가 이미 왜적을 막자는 의도였지만, 여기에다 외침을 알리는 피리 소리가 더하여졌다. 완벽하다.

사실 만파식적은 일본의 위협에서 벗어나자는 소극적인 의미만 갖지는 않는다. 신문왕에게 대나무를 바치면서 용이 말한 대로, 이 피리를 불면 '천하가 화평'해지며, 그것은 '값으로 칠 수 없는 큰 보물'이다. 다음 대목에서 이는 좀 더 분명해진다.

이 피리를 불면 적병이 물러나고 병이 치료되며, 가뭄에는 비가 내리고 홍수 때는 맑아지며, 바람이 자고 파도가 잔잔해지는 것이

었다.　　　　　　　　　　　　《삼국유사》 기이, 〈만파식적〉에서

여기서 만파식적의 효용 가치를 여섯 가지로 열거하고 있다. 적군과 병, 가뭄과 홍수, 바람과 파도를 각각 막는 것이다. 이는 곧 안보, 농사, 어업이다. 한마디로 나라가 편안할 조목이다. 그 가운데 외적을 물리치는 일이야 여섯 가지 효용의 하나에 지나지 않고, 다시 그 적군 가운데 일본은 아홉에서 하나일 뿐이다. 그런데도 수중릉은 일본을 향해 있다.

김부식도 《삼국사기》에서 만파식적을 언급했다. 그러나 다분히 전설적인 이야기로 그치고 만 데 견주어, 일연은 매우 적극적으로 이 피리를 소개하였다. 그리고 그 방향은 왠지 자꾸 일본 방어 쪽으로 기울었다. 그것이 그만큼 신라에게 절실한 문제였기 때문이지만, 신라만 절실하다고는 하지 못할, 자기 시대의 어떤 사정을 숨기고 있는 듯하다.

일연은 무엇을 숨기는 것일까? 이런 태도를 어떻게 보아야 할까? 왜 일본에 대해 그토록 민감하게 반응하는 것일까?

일본에서는 국난이 있을 때마다 '가미카제神風'가 등장한다.

전설의 여왕 진쿠가 신라를 치러 갈 때, 고려와 몽골의 연합군이 쳐들어올 때, 일본인은 신이 내린 바람이 불어 이겼다고 여겼다. 그것이 가미카제이다. 임진왜란을 일으킬 때, 심지어는 태평양 전쟁에 애꿎은 젊은이를 자살 특공대로 내몰 때, 어김없이 가미카제 열풍이 분 것은 당연한 일이었다. 일본은 가미카제를 저들 나름 호국

의 도구요 상징으로 써먹었다.

가미카제 같은 존재가 우리에게는 만파식적이다.

일연의 시대, 일본 정벌은 몽골군과의 연합 작전이었지만 고려로서는 그전에 이런 싸움을 해 본 적이 없었다. 더욱이 바다를 건너야 하는 해전이다. 일연은 자연스럽게 만파식적을 떠올렸다. 이 피리는 바람을 재우고 파도를 잔잔하게 만든다. 만파식적은 군사에게 줄 신념과 용기의 도구요, 상징이었다.

저쪽 편에는 바람을 일으키는 가미카제가 있다. 그냥 바다도 두려운데, 바다를 성나게 하는 신은 더 두렵겠다. 이쪽 편에는 정반대 효능을 가진 만파식적이 있다. 성난 파도를 잠잠하게 만든다. 어느 쪽이건 두려움을 떨쳐 낼 힘이 오랜 역사의 전통 속에 살아나는 존재들인 것이다.

누가 더 센지 결과야 붙어 봐야 알겠지만, 둘 사이에는 결정적인 차이가 있다. 가미카제는 선한 방향으로 제어가 불가능해지자, 예컨대 태평양 전쟁과 같은 경우, 가미카제 특공대처럼 폭력으로 치닫고 말았다. 만파식적은 천하가 화평해지는 것을 목표로 삼고 있다. 폭력적이지 않으니 가미카제처럼 왜곡될 까닭이 없다.

만파식적과 가미카제. 상징은 닮았으되 끝내 무엇이 더 이상적인지 굳이 설명할 필요 없겠다.

# 여몽 연합군과 일본 정벌

앞서 13세기 고려와 몽골의 관계를 세 시기로 나눠 보았다.

1차 시기는 고려와 몽골이 처음 만나 맹약을 맺은 '형제 맹약기'이다. 거란군을 물리치고자 두 나라가 연합군을 만든 것이 그 중심에 선다. 이때 만든 연합군을 제1차 여몽麗蒙 연합군이라 부른다.

2차 시기는 '대몽 항쟁기', 곧 전쟁기이다. 30여 년간의 피비린내나는 전쟁은 고려의 온 땅을 처참하게 만들었다.

3차 시기는 '몽골 간섭기'이다. 전쟁에 진 고려가 몽골에 항복하고, 그 뒤 몽골은 고려의 내정에 직접 간섭하기 시작한다. 이 기간은 13세기를 채우고 14세기까지 이어진다. 형제 맹약기와 전쟁기를 지나면서 초기의 정보 부재가 불러온 혼란이나 오판은 현저히 줄어들었다. 이는 다른 한편 몽골에게 길들여졌음을 뜻하는 것이기도 하다. 그리고 간섭기 가운데 13세기에 벌어진 최대 사건은 2차 여몽 연합군의 구성이었다.

# 고려와 몽골, 연합군 구성

앞서 말했듯 13세기 후반 고려 사회를 요동치게 만든 사건은 일본 정벌이었다. 이때 일본 정벌을 위해 제2차 여몽 연합군이 만들어졌다. 2차 연합군은 1274년과 1281년, 두 차례나 섬나라 일본을 치러 갔다.

때는 가마쿠라 막부 시대(1185~1333) 말기에 접어들고 있었다.

일본 역사에서 막부가 등장하기로는 이때가 처음이었다. 막부란 간단히 말해서 왕은 가만히 앉혀 두고 무인인 쇼군將軍과 그 부하가 다스리는 체제이다. 그래서 같은 시기 고려의 무인 정권과 닮았다고 말한다. 하지만 우리가 고려 무인 정권 한 번으로 끝난 데 반해, 일본은 그 뒤 이 체제를 무로마치 막부 시대(1336~1573), 에도 막부 시대(1603~1867)로 이어가며 막부는 일본의 역사상을 만드는 체제가 되었다. 여몽 연합군은 바로 이 가마쿠라에 차려진 첫 막부의 최대 위기를 불러왔다.

가마쿠라는 도쿄에서 가까운, 태평양을 바라보는 해변의 아름다운 도시이다. 여기에 막부의 본부를 두었으므로 가마쿠라 막부라 부른다. 그러나 원정에 나선 연합군은 가마쿠라는커녕 교토에도 미치지 못하고 큐슈 입구만 맴돌다 돌아온다. 그런데도 이 전무후무한 외적의 침공으로 입은 일본의 충격은 적지 않았다. 아시아 역사에서 대륙이 섬을 친 최초의 사건이자, 섬나라 일본이 대제국의 침공을 받은 최초의 경험이기도 했다.

오늘날 일본의 역사서는 이 전쟁을 크게 다루지 않는다. 최초의,

그것도 관동에 세워진 가마쿠라 막부가 150여 년 역사의 종언을 고한 것도 전쟁 때문이 아니라 정권 자체의 모순 때문이라고 본다. 일본은 그 뒤 남북조의 혼란한 시기를 지나 다시 교토에 세워지는 무로마치 막부 시대로 넘어간다. 하지만 기울어 가는 가마쿠라 막부에 마지막 비수를 꽂은 것은 분명 여몽 연합군의 침공이었다.

일본 원정에서 고려 쪽이 져야 할 부담은 만만치 않았다. 직접 전투에 참가해야 할 병력도 병력이지만, 배를 만들고 식량을 대야 하는 경제적인 부담은 더욱 컸다. 한편 전쟁의 분위기가 고조된 다음, 특히 1차 정벌이 실패로 돌아가고 다시 동정 준비를 하면서부터는, 경직된 애국심이나 묘한 사회적 이완 현상도 있었다.

> 궁인들로 하여금 음악을 연주하게 하였는데, 젓대와 퉁소를 불면서 노래를 부르는 소리가 궁 바깥까지 들려왔다. 나라 사람들은 일본 정벌이란 큰 사업을 앞둔 까닭에 이런 유흥에 대하여 모두 이맛살을 찌푸리고 탄식하였다.　　《고려사》 충렬왕 6년(1280) 10월

충렬왕 6년이면 2차 원정이 있기 한 해 전이다. 자의로 벌인 전쟁도 아니고 전쟁 준비에 염증을 내고 있던 터에, 궁중의 유흥에 이맛살을 찌푸린다는 것은 사실 애국심이라기보다 애국심의 뒤바뀐 감정이었다. 그저 모든 것이 싫고 짜증날 뿐이다. 고려나 몽골 양쪽 정부가 그런 민심을 다잡을 필요가 있었으리라 보인다.

위의 기록에 이어 몽골에서 출병을 앞두고 보내온 장문의 공문이

실려 있는데, 그 주요한 내용도 도망할 병사에 대한 경계이다. 그러면서 공적을 세운 자에게 상을 내리리라는 약속을 거듭하고 있다. 그 가운데서도 다음과 같은 대목은 특히 주목된다.

출병했을 때 군인이 차지한 사람, 가축, 기타 일체의 물건들은 각각 그 차지한 군인이 주인이 될 것이다. 그 군인을 관할하는 두 목들이 결코 지명해서 거둬 갈 수 없다. 또 죄명을 들씌워 위협하거나 공갈하여 빼앗을 수도 없다. 《고려사》 충렬왕 6년(1280) 10월

참전한 군인에게 전리품의 소유권을 보장하고 있음을 알 수 있다. 사람까지 들어간, 따지고 보면 목록 자체가 매우 비인간적이지만, 이렇게라도 참전을 독려하지 않으면 안 될 상황이었으리라 보인다. 당근 작전임에 틀림없다.

## 일본의 허깨비 '사대놀이'

눈을 돌려 잠시 8세기의 일본으로 돌아가 보자.

779년 5월 3일, 수도 교토에서는 특별한 의식이 치러졌다. 6개월 전 귀국하는 일본의 견당사를 따라 교토에 온 당나라 사신이 드디어 이날, 국서와 선물을 일본 천왕에게 바치는 것이었다. 630년에 시작된 일본의 견당사는 이때 14회째를 맞이하고 있었다.

그런데 이 의식을 두고 일본 측 신하 사이에 큰 논쟁이 붙었다.

한쪽은 사대의 예에 따라 정중히, 남향한 당나라 사신이 북향한 천왕에게 국서를 알리는 형식이어야 한다고 주장하였다. 중국 황제의 명을 받고 온 사신을 황제로 대해야 한다는 것이다. 황제는 남향, 곧 북쪽에 앉아 남쪽에 앉은 신하를 바라보아야 한다. 다른 한쪽은 "자신의 주인을 타인의 주인보다 아래에 둘 수 없다"고 하며, 일개 외국의 사신을 대하러 천왕이 어좌에서 내려오게 하다니, 대불충, 불효자의 언동이라고 주장하였다.

결과는 어찌 되었을까? 후자의 무리가 어좌에서 내려오는 천왕을 비통한 마음으로 바라보고야 말았다. 사대파와 주자파의 갈등이었다. 대세에 따라 사대를 저버리지 못하는 형편은 우리 역사에서도 흔한 바니 낯설지 않다. 우리와 조금 다르다면, 이날 교토에서는 이런 갈등이 당나라 사신 앞에서 대놓고 벌어졌다는 점이다. 바다를 두고 중국과 멀리 떨어져 있어 이렇듯 대담했을까.

그러나 내면을 들여다보면 거기에는 그만한 사정이 깔려 있다.

7세기 후반부터 일본은 신라와 발해를 번국이라 여겼다. 신라와 발해, 두 나라는 가끔 당나라와 분쟁이 일어나곤 했는데, 그럴 때면 뒤의 방패로 일본을 이용하였다. 그러자니 일본에 조공하며 통교를 구했는데, 이로 말미암아 일본은 신라와 발해를 자신들의 번국이라 보는 대외관을 가지게 되었다. 당나라를 정점으로 하는 동아시아 세계의 국제 질서였다. 일본은 당나라에 조공하면서, 스스로 자기 나라 밑에 한반도의 여러 나라를 두고 그들에게서 조공을 받는 '소제국'이라 여겼다.

그러나 최근에는 이런 '소제국'관의 기반을 이루는 중화 의식은 조선의 여러 나라에도 있고, 예컨대 신라가 일본을 신라의 번국이라 위치 지운 대외관을 가지고 있었다는 사실도 밝혀졌다. 그렇다면 일본의 '소제국'관이 궁극에 국제적으로 얼마만큼 인지되어 있었는지 의문이 남는 바이다. 이런 자국 중심주의의 주관적인 대외관을 일본 중심주의적 입장이라 부른다. 모리 기미유키, 《백촌강 이후》에서

8세기 후반의 일본 상황이 보인다. 그들은 소제국을 건설했다 생각했지만, 소제국 의식이라면 신라도 가지고 있었다. 무엇보다 제 생각만이 아니라 주변이 다 인정해 주어야 하는데, 누구도 일본을 사대할 주인으로 여기지 않았다는 것이 현실이었다. 다소 어이없는 자기중심주의이다.

거슬러 올라가 보면 일본의 이 같은 태도의 밑바탕에는 어떤 결정적인 사건이 계기로 작용하였다. 바로 백촌강 전투이다.

백촌강은 백마강(금강)을 일본에서 부르는 이름이다. 660년 신라와 당나라 연합군이 백제의 사비성을 공격하여 함락시키자, 일본 정부는 원군을 보내 백마강에서 맞붙었다. 이를 백촌강 전투라 한다. 전투는 일본의 일방적인 패배로 끝났다.

백촌강의 전투는 일본 고대사에서 '최대의 대외전'이자, 대패를 맛보기로는 태평양 전쟁에서 '미국에 진 것 이상의 경험'으로 평가

받는다. 문제는 백촌강에서 패배한 데 그치지 않았다는 것이다. 미군이 일본 본토에 진주했듯, 일본은 당과 신라의 군대가 쳐들어오지 않을까 염려했다. 거기까지 가지는 않았지만, 이 전투의 패배 이후 일본에는 두 가지 면에서 커다란 변화가 왔다.

첫째, 국경의 획정 문제였다.

한마디로 그것은 '일본 열도에 일본인의 거주지를 설정, 방위'하는 것으로 요약된다. 실로 이전까지 일본은 자기네 영토가 어디까지인지 명확하지 않았다. 일반적인 고대인의 영토 개념이었지만, 배 타고 자기들이 이른 곳이면 어디나 제 땅인 양 여기는 섬나라 사람 특유의 기질이 반영되어 있었다. 백촌강에서 지면서 그들은 이제 더는 여기가 자기 영토일 수 없다는 사실을 알았다.

둘째, 율령의 제정이었다.

패배의 원인은 그들 나라의 후진성을 발견하게 해 주었다. 전쟁을 통해 당나라의 수준을 실감했고, 그 핵심에는 체계적인 국가 조직이 있음을 알았다. 그래서 낭나라와 같은 중앙 집권적인 율령 국가의 필요성을 통감한 것이다. 패배한 이듬해 천왕이 된 텐지는 이를 실행했다. 그로부터 고대 왕권 국가가 본격화한다고 보는 까닭이다. 패배의 쓴맛을 마신 데 비해서 값진 소득이었다.

외교는 어떻게 되었는가. 당과 대립하게 된 신라가 후방 지원을 바라며 일본에 '조공'을 보내자, 일본은 백제를 대신하여 신라라는 문물 수입의 경로를 확보하였다. 이로 인해 자기중심주의 외교가 강화된다.

일본의 허깨비 같은 '사대놀이'는 그치지 않았다. 지금이라고 다를 것 있을까.

## 뿌리 깊은 일본의 몽골 공포

그런 일본에게 13세기의 여몽 연합군은 치명적이었다. 제대로 한번 임자를 만난 꼴이었다. 고려와 몽골에서 사신을 보내올 때마다 가마쿠라 막부의 쇼군은 등골이 오싹했다. 이 판에 자기중심주의 외교가 웬 잠꼬대란 말인가.

여몽 연합군의 공격을 받는 현장을 기록한 책이 일본에 있다. 이시기에 만들어진《하치만우동훈八幡愚童訓》이다. 어리석은 아이라도 교훈을 얻을 수 있을 내용을 담았다는, 하치만 신사의 예화집이다. 이 책에서 1274년, 1차 침공 때 처음 만난 몽골군을 묘사한 대목을 간추려 보면 이렇다.

몽골군은 큰북과 징을 치며 전투 개시를 알렸는데 그 소리가 엄청났다. 이 소리에 놀란 일본군의 말이 이리저리 날뛰다가 적의 화살을 맞고 쓰러졌다. 몽골군의 화살은 짧았지만 화살촉에 독을 발라서 맞으면 중상을 입었다. 몽골군 수백 명이 대오를 정렬해 화살을 비 오듯 쏘는 데다 창이 길고 갑옷도 빈틈이 없었다. 그들은 전투 대형을 갖추고 있다가, 적이 공격해 오면 중앙을 활짝 열어 안으로 몰아넣은 다음 양쪽에서 포위해 공격했다. 갑옷은 가볍고 말도 잘 탔으며 힘도 강했다. 또한 용맹하기 짝이 없었고 임기응변하여 진퇴에 능했다.

큰북과 징으로 전투 개시와 후퇴의 신호를 보내는 몽골군의 기민한 동작에 일본군이 얼어 버리는 모습이 보인다. 독화살에 차원이 다른 갑옷의 품질은 말할 나위도 없다. 전술과 장비, 어느것 하나 빠지지 않는다.

1281년 2차 침공의 기록에는 또 다른 양상이 보인다.

중국 강남에서 차출된 강남군은 직업 군인이었다. "이번에는 반드시 이겨야 한다. 장차 거주하기 위한 재료로 생활 도구를 갖추고, 경작을 위해 호미와 가래까지도 가지고 가게 해야만 한다"라는 연합군에 관한 정보가 막부에 전해졌다. 이것을 '이민 선단'이라 한다. 원정 나갔다가 점령하여 아주 뿌리를 내리겠다는 작전이다.

가마쿠라 막부는 이에 대응하여야 했다. 전쟁에 나간 성주들의 궁극적인 동기는 보상이었으며, 결국 자기의 지배 영역이 넓어지기를 바랐다. 막부는 이를 보장한다고 약속하며 전쟁을 독려했다. 그러나 순조롭지만은 않았던 듯하다.

전쟁의 참상은 끔찍했다. 적어도 일반 백성을 포함한 14만 명이 익사하여, "바다 위는 대나무 가지를 뿌려 놓은 것과 다를 바 없이, 시신이 서로 겹쳐져 마치 섬과 같았다"라고 《하치만우동훈》은 전한다. "사람들이 이를 견디지 못해 처자식을 데리고 깊은 산에 숨었지만, (고려군이) 갓난아이의 울음소리를 듣고 몰려오니 짧은 목숨을 부지하기 위해 사랑하는 아기를 울며 울며 죽였다"는 대목도 있다.

일본어에 외적의 침략으로 받는 공포는 정체를 알지 못한다는 뜻의 '무쿠리 고쿠리'라는 말이 있다. '몽고 고구려'에서 온 말로 보인다. 히로시마에 떨어진 원자폭탄의 구름을 '무쿠리 고쿠리의 구름'이라고 불렀다는 말도 있다.

여몽 연합군을 향한 일본 쪽의 공포는 상상 이상이었다. 한 예를 가지고 그 공포의 정도를 가늠해 보자. 1371년 10월이었다. 이때 일본은 남북으로 두 천왕이 나눠 지내던 시기였다.

남쪽 천왕 밑의 카네요시는 규슈 일대를 지배하고 있었는데, 명나라가 나라를 세운 직후 그에게 사신을 보내왔다. 사신의 이름은 조질이었다. 카네요시가 극진히 대접하자 명 태조는 카네요시를 일본 국왕에 책봉하였다.

여기서 사신과 명나라 정부는 명백히 잘못을 저질렀다. 비록 남북국의 혼란한 시기이고, 카네요시가 사신을 접대하는 변경에서 막대한 권한을 행사하고는 있지만, 그의 위에는 엄연히 천왕이 존재하였다. 그런데도 사신이 카네요시에게만 왔다 돌아가고, 보고에 따라 명 황제는 그를 국왕으로 임명했다. 어처구니없는 일이었다.

외교의 허술함이야 그렇다 치고, 카네요시와 사신 사이의 대화에 이런 대목이 나온다.

**카네요시** : 지금 새 천자가 몽골 때와 마찬가지로 중화를 장악해

조씨 성의 사자를 보내왔다. 아마도 너희는 옛 몽골 사신의 자손일 것이다. 기분 좋은 말로 유인해 우리를 덮칠 생각이지?

**조질** : 나는 몽골 사신의 후손이 아니다. 나를 죽이면 재난이 너희에게 닥칠 것이다. 《하치만우동훈》에서

여기서 '몽골 때와 마찬가지'라는 말에 주목해 보자. 1271년 여몽 연합군의 일본 정벌 직전에 몽골이 보낸 사신이 조양필이었다. 카네요시는 퍼뜩 이 인물이 떠올랐다. 같은 조씨여서 자손이라 본 것이리라. 꼭 100년 만에 중국에서 사신이 왔는데, 성이 같다는 사실 하나만으로도 카네요시는 지레 겁을 먹는다. 조씨 성을 가진 이 사신에게서 100년 전의 전쟁을 떠올렸던 것이다.

그만큼 몽골의 침입은 저들에게 미증유의 공포를 안긴 사태였다. 그 참혹함을 직접 경험하지 않았는데도, 100년 뒤의 카네요시는 자신의 유전 인자 속에 스며든 어떤 악몽을 지레 꾸고 있다. 그토록 강렬한 기억이란 말일까.

사실 카네요시는 쩨쩨한 졸장부가 아니었다. 명 태조의 고압적인 친서를 받은 뒤 보낸 카네요시의 답신에는 이런 대목이 있다.

다만 중화에 군주가 있다고 해서 오랑캐에게 군주가 없다 할 일입니까. 천지는 넓어서 한 사람의 주인만 권력을 부리는 게 아닙니다. 세계는 커서 여러 나라로 나뉘어 있습니다. 그래서 천하란 곧 천하의 천하이고, 한 사람의 천하가 아닙니다. 《하치만우동훈》에서

중국도 천하의 한 부분일 뿐이며, 우리 또한 천하의 일부이니, 그 천하를 다스리는 군주가 있다는 주장이다. 주먹 맞을 만큼 가깝지 않아 방정 떠는 것치곤 그럴 듯하다.

그런 카네요시지만 몽골의 일본 정벌을 떠올리자면 오금이 저렸다. 심지어 그가 직접 겪은 일도 아니련만……. 명나라 사신 조질을 100년 전 몽골 사신 조양필의 후손이라 여기는 공포의 유전인자가 그냥 생긴 것이 아니다.

그런데 다른 한편으로는 명 태조도 마찬가지였다. 카네요시의 도발적인 답장을 받고 격노한 태조는 일본으로 쳐들어가려 했지만, 옛날 몽골의 교훈을 반면교사 삼아 단념했다고 한다.

일본 정벌이 끝난 다음, 한중일 동아시아 3국은 긍정적이든 부정적이든 하나의 전기를 마련해 새로운 시대로 나아갔다. 한국(고려)과 중국(원 지배하의 한족)은 전쟁에 들인 과다한 인력과 물자로 인해 자생력을 잃었고, 방어하는 입장의 일본(가마쿠라 막부) 또한 손실이 크기는 마찬가지였다. 고려와 원, 그리고 가마쿠라 막부가 거의 동시에 막을 내리는 직간접적인 원인이 여기에 있다.

몽골의 일본 침략은 이렇듯 모두에게 상처만 남긴 기묘한 전쟁이었다.

# 충렬왕과 일연

## 일본 정벌과 충렬왕

충렬왕은 고려의 13세기를 통치한 마지막 왕이다. 2차 여몽 연합 군이 두 번에 걸쳐 일본 정벌에 나선 것도 충렬왕 때였다.

특히 두 번째 일본 정벌은 규모가 첫 번째 원정보다 두 배 이상이 었다. 그만큼 전력을 다했다는 뜻이다. 먼저 1281년 전쟁의 시작부 터 끝까지 충렬왕의 행적과 전쟁의 경과를 살펴보면 다음과 같다. 《고려사》와 《고려사절요》에 나오는 기록이다.

- 4월 초하루 병인일. 왕이 합포(마산)로 떠난바, 우부승지 정가신 이 왕을 호위하여 따라갔다.
- 5월 무술일. 힌두, 홍다구와 김방경, 박구, 김주정 들이 함대와 군사를 거느리고 일본을 정벌하러 떠났다.
- 6월 임신일. 김방경 등이 일본군과 싸워 3백여 명의 적을 죽였다.

○ 7월 기유일. 왕이 합포에서 (개경으로) 돌아왔다.

○ 8월 기묘일. 별장 김홍주가 합포로부터 행궁(안동)에 와서 동정 군이 패배하고 원수 등이 합포에 돌아왔다는 것을 보고하였다.

○ 윤8월 갑오일. 김방경 등이 행궁에 와서 왕을 뵈었다.

○ 윤8월 경신일, 왕이 공주와 함께 경상도에서 돌아왔다.


1281년 4월, 원정군의 출발지인 합포에 간 왕은 5월에 출정을 보고 7월에 일단 개경으로 돌아왔다. 그런데 8월에 다시 경상도 안동의 행궁으로 간다. 원정군을 맞이하자면 중간 위치이다. 그래서 한 달 뒤, 원정군의 사령관 김방경의 귀환 보고를 안동에서 받은 다음 돌아왔다. 왕이 원정군을 전송하러 현장까지 달려갔음을 알 수 있다. 첫 번째인 1274년의 정벌 때는 없었던 일이다.

원정군은 처음에는 싸움에서 전과를 올렸다. 일본 본토에 상륙한 6월이었다. 이는 김방경을 중심으로 한 고려군이 잘 싸웠기 때문이다. 그러나 최종 결과는 패배였다. 결국 8월에 충렬왕에게 실패 소식이 들어왔다.

이 무렵 눈에 띄는 기록이 두 가지 있다. 6월의 승직 임명과 8월의 경상도 행차이다.


○ 6월 계미일. 왕이 경주에 들러 승직 임명을 하였는데, 중들이 능라를 왕의 측근자들에게 뇌물로 주어 승직을 얻었으므로 사람들이 '나 선사, 능 수좌'라고 불렀다. 이 자들 중에는 처를 얻고

가정생활을 하는 자가 절반이나 되었다.

《고려사》 충렬왕 7년(1281) 6월 19일

◦ 8월 정묘일. 왕이 공주와 함께 경상도에 행차하였다. 보주부사 박인과 안동부사 김군은 영접하는 것이 지극히 풍성하고 사치스러워 좌우 사람들이 모두 칭찬하였으며, 안동판관 이회는 백성의 노력을 아끼고 비용을 절약하며 또 행동이 서투르니 내신들이 모두 비난하였다.  《고려사》 충렬왕 7년(1281) 8월 14일

합포에서 원정군을 보내고 왕이 경주에 이르자 승려 무리가 "능라를 왕의 측근들에게 뇌물을 주어 승직을 얻었으므로" 그들을 '나선사'요, '능 수좌'라 불렀다. 능라는 비단을 말한다. 한참 더운 여름 6월이었다. 원정군은 죽을지 살지도 모를 전쟁터에 나가 있다. 그런 와중에, 그것도 승려가 벼슬을 얻으려 뇌물을 들고 설치는 풍경이 애처롭다.

승려만이 아니다. 8월이었다. 왕이 경상도에 이르자 "풍성하고 사치스럽게" 왕을 맞는 관리에게는 칭찬이, "백성의 노력을 아끼고 비용을 절약"한 관리에게는 비난이 쏟아졌다. 정작 왕 자신은 그런 일이 벌어지는지 알기나 했을까.

나라의 일을 맡은 관리나, 시대의 정신을 만드는 성직자나 모두 정상이 아니었다.

166    일연과 13세기, 나는 이렇게 본다

# 일연을 국사에 책봉하다

첫 번째 정벌 때 일연은 68세, 경상도 산골에 사는 시골 승려였다. 정치적인 존재감이 거의 없었다. 그러나 두 번째 정벌 때는 상황이 달랐다.

일연의 나이 75세였다. 왕이 경주에 왔을 때인 신사년(1281) 여름, "임금의 부름을 받고 경주 행재소로 갔다"는 기록이 비문에 나오는데, 신사년 여름이라면 왕이 경주에서 승직을 임명하고 비준하던 때다. 승려들이 비단을 들고 벼슬 얻으려 여기저기 설치고 다녔다는 바로 그해 말이다. 정작 임금이 보고 싶어 한 승려는 일연이었다. 일연은 이때 청도의 운문사에 있었다.

사실 일연은 이미 충렬왕 즉위 초부터 왕과 관계를 맺고 있었다. 일연이 머물던 비슬산 인흥사를 보수한 일, 거처를 운문사로 옮긴 일이 왕의 명령으로 이루어졌다. 경주에서 왕을 만난 것은 운문사로 옮긴 지 4년 뒤였다.

충렬왕이 경주에 왔을 때 분위기는 앞의 《고려사》 기록에서 충분히 짐작 가고도 남는다. 매관매직이나 다름없는 '나 선사, 능 수좌' 소동이 그것이다. 이런 분위기 속에서 왕은 왜 굳이 일연을 불렀을까.

일연이 경주에 오자 왕은 '숭경하는 마음'으로 일연이 쓴 "〈불일결사문〉을 찍어 절에 들이라" 하고 명령한다. 일연의 비문에 나오는 기록이다. 충렬왕에게 일연은 어수선한 세상 속에서 한 줄기 빛처럼 다가왔으리라 짐작한다.

지금 우리로서는 결사문의 구체적인 내용은 알지 못한다. 다만

이로 인해 충렬왕과 일연이 급속히 가까워졌음을 다음과 같은《고려사》의 기록으로 확인할 수 있다.

- 10월 임인일. 왕이 중 견명을 내전에 맞아들였다.
- 12월 을미일. 왕이 공주와 함께 광명사에 거둥하여 중 견명을 방문했다.

왕이 경주에서 일연을 만난 다음 해, 곧 1282년의 일이다. 견명은 일연의 세속 이름이다. 일연의 비문에서는 이 일을 좀 더 자세하게 적어 두었다.

가을, 시위 장군 윤금군을 보내 궐 아래 맞아들이게 하고…… 관리에게 명하여 광명사에 들게 했는데…… 겨울, 12월에는 임금이 친히 방문하여 불법의 요체를 자문하였다.

이 기록에서 '불법의 요체를 자문'하였다는 것이 앞서 〈불일결사문〉을 돌리게 했다는 일과 맞물린다. 왕에 대한 일연의 임무가 무엇이었는지 가늠할 수 있는 대목이다.

두 번의 일본 정벌 이후 충렬왕은 불편하였다. 무엇보다 몽골이 일본 정벌의 뜻을 접지 않는 것이 그랬다. 물론 첫 번째 정벌 실패 이후에는 충렬왕도 "다시 전함을 만들고 군사와 군량을 저축하여 (일본의) 죄를 소리 내어 토벌하면 성공하지 않을 수 없을 것"이라고 호기를 부렸다. 그러나 상상 이상으로 막심한 피해를 입은 두 번째 정벌 이후에는 달라졌다.

《고려사》에는 "충렬왕 9년(1283) 정월 임신일, 새 궁전에서 연회를 베풀었다. 이날 왕은 몸이 불편하였다. 갑술일, 재상들이 왕의 병 치료를 위하여 광명사에서 법회를 베풀었다"는 기록이 보인다. 이때 광명사에는 일연이 주석하고 있었으므로, 법회는 의당 일연이 주관하였으리라 보인다.

앞서 형제 맹약기에 고려와 몽골이 거란을 쳤던 동맹을 1차 연합군, 간섭기에 일본 정벌을 함께한 것을 2차 연합군이라고 했는데, 두 연합이 가져온 결과는 크게 달랐다. 성공한 1차와 달리 2차 연합군의 일본 정벌은 성패를 떠나 막대한 국력의 소비를 가져왔기 때문이다. 이미 고려 왕실은 재정 회복을 할 능력이 사라지고 없었다.

그런데도 몽골에서는 저강(楮繈, 원나라 화폐) 3천 정을 보내 전함을 만들게 하는가 하면, 고려 출신인 유주는 몽골 황제에게 "오랑캐를 시켜서 오랑캐를 치는 것이 중국의 방법이니, 고려와 중국으로 일본을 정벌하게 하고 몽골군은 보내지 마십시오. 그리고 고려에서 군량 20만 석을 준비하게 하십시오"라고 건의하는 판이었다. 이것이 1283년 2월의 일이려니와, 3월에는 중랑장 유비가 원나라에서 돌아와 "황제가 강남군을 징발하여 8월에 일본을 정벌하려 한다"는 구체적인 계획까지 알려주었다.

이렇게 암울한 가운데 그해, 곧 1283년《고려사》에 이런 소식이 보인다.

3월 경오일. 중 견명을 국존으로 정하였다.


경오일은 16일이다. 유비의 보고로부터 보름쯤 지난 뒤이다. 국
존은 몽골 간섭기 이후 국사가 강등된 이름이다. 견명은 곧 일연인
데, 그가 드디어 국사에 임명된 것이다.

그런데 이를 두고 두 가지 점에서 의문이 생긴다.

첫째, 여러 가지 혼란한 와중에 굳이 국사 책봉을 행한 까닭이 무
엇이었을까. 둘째, 국존 책봉 기사를 굳이 역사서에 기록한 까닭은
또 무엇이었을까.

특히 후자가 그렇다. 앞서 일연에 관한 두 번의 기사와 함께, 승려
의 일이 역사서에 빈번히 기록된 희귀한 경우가 이채롭다. 적어도
《고려사》에서 아무리 국사 책봉이라 할지라도 이렇듯 공공연한 기
록을 찾기 어렵다. 일연의 경우 왜 이다지 예외적일까?

다만 다행이라면 다행이랄까, 일연이 국사에 책봉된 한 달 뒤, 원
나라 황제가 일본 정벌을 '중지'하였다. 그나마 좋은 소식이었다.
충렬왕은 전함을 만들고 군사를 징집하는 일들을 폐지하였다. 그렇
다고는 하나 일본 정벌에 관한 불씨는 남아 있었고, 국사로서 일연
또한 이 일에 촉각을 곤두세워야 했을 것이다.

국사 책봉을 전후하여 나랏일에 직간접으로 관여한 일연은 이 같
은 사태의 추이를 유심히 살피지 않을 수 없었다. 2차 원정에 나섰
을 때만 아니라, 원정의 참패 이후 가라앉은 민심을 수습하는 일에
도 국사가 해야 할 임무가 어느 정도 있었을 것이기 때문이다.

당초 상황은 3차 원정까지 치닫는 분위기였다. 그러나 광동에서 대규모의 도적 봉기, 복건에서 송 왕조의 부흥 운동이 일어나자 1284년 2월, 쿠빌라이 카안은 국내 정세의 불안정을 이유로 일본 정벌을 중지했다.

물론 일본 정벌에 관한 쿠빌라이 카안의 생각이 완전히 바뀌지는 않았다. 다시 1285년 11월, 일본 원정 계획이 발표되었다. 합포에 전군을 집결시켜 원정을 실행한다는 것이었다.

이번에는 몽골의 예부상서 유선이 힘써 말렸다. 그는 수나라가 고구려를 치려다 실패한 사실을 들며 "설령 바람을 만나지 않고 그 나라의 기슭에 이르러도, 왜국은 땅이 넓고 사람이 많다. 그 군사는 사방에서 모여들고 우리 군에 후원은 없다. 만일 전투가 불리해져 구원병을 보내려고 해도, 즉시 바다를 날아서 건널 수는 없다"고 설명했다. 쿠빌라이 카안은 1286년 1월에 계획을 중지시켰다.

1287년 5월에는 유명한 나얀의 반란이 일어났다. 충렬왕은 역적 토벌을 원조하겠다고 나섰다. 나얀의 반란이 평정되자 쿠빌라이 카안은 다시 일본 원정 계획을 염두에 두고 1289년 10월, 관원을 합포로 보내 이전 정벌 때 사용하던 무기를 검열하였다.

이렇듯 13세기 후반까지 고려는 여전히 전쟁의 혼란 속에 있었다. 싸움의 대상이 몽골에서 일본으로 바뀌었을 따름이다. 그런데 정벌해야 하는 대상인 일본은 고려로서도 처음이었다. 그것은 몽골도 마찬가지였다.

이 같은 와중에 일연은 일본에 대해 어떤 생각을 가지고 있었을까. 이미 '개인 일연'이 아니었다. 국사가 된 일연은 왕의 보좌역으로서 나랏일을 일정 부분 책임져야 했다. 전쟁터로 제 백성을 보내는 '국사 일연'의 생각을 조금이나마 엿볼 방법은 없을까.

일연은 《삼국유사》를 일본 원정 전후에 걸쳐 완성했을 것으로 보인다. 이 전쟁 기간을 통하여 일연은 일본의 역사서를 구해 볼 수 있는 기회가 있었다. 전쟁은 양쪽의 문물을 음으로 양으로 교류하게 만든다. 전쟁 전에는 사절단을 통해서, 전쟁 후에는 전리품을 통해서. 그 가운데 정보의 창고인 서적의 유입은 매우 자연스럽다. 《삼국유사》에서 일본에 관한 직접적인 기술은 많지 않지만, 필요한 대목에 일본 책을 인용할 수 있었던 것은 이 때문이다. 더불어 일본에 대한 그의 관점이 얼마쯤 반영되었다고 보아도 무방하다.

오랫동안 왜구의 침략에 시달려 온 한반도의 남동 해안에서 대부분의 생애를 보낸 일연으로서는 본디부터 일본에 대해 좋지 않은 감정이 자리 잡고 있었을 것이다. 원정을 앞뒤로 한 비감한 분위기가 그것을 더욱 키웠으리라 보인다. 그 같은 일연의 심경이 은연중에 붓끝에 흘러나온다.

예를 들어, 박제상의 죽음을 기록한 《삼국유사》의 〈내물왕 김제상〉 조를 보자. 일연은 《삼국사기》와 달리 제상의 성을 '김'으로 바꿀 뿐 아니라, 죽음의 현장 또한 매우 치밀하게 묘사하여 읽는 이에게 저절로 진한 적개심을 불러일으키게 한다. 승려로서 살생을 권해서는 안 되지만, 전쟁터에 나가는 병사가 적개심 없이 싸울 수는 없다. 이는 얼마나 모순된 감정인가. 그러나 국사로서 일연이 감당해야 할 짐이었다.

일연의 고뇌와 달리 충렬왕의 발걸음은 거침없다.

행재소의 충렬왕이 일연을 곁에 불렀지만, 그때의 역할이 무엇이 었는지 알 수 없다. 전쟁이 끝난 다음, 충렬왕은 개성으로 올라가는 길에 일연을 동행시켜 국사에 앉혔을 뿐이다.

왕의 국사 임명은 일종의 정치 행위였다. 국사를 통해 왕이 져야 할 정치적 책임의 일부를 나누는 것이다. 오래 비워 둔 국사의 자리 에 일연을 불러 앉힌다. 그 같은 사정이 역사서에 비교적 자세히 실 린 것은, 이 역사서의 편찬자도 그것이 정치적 행위임을 알았기 때 문이다. 이로써 앞서 제시한 의문이 다소 풀리지 않나 싶다.

충렬왕은 일본 원정을 주도하며 권력의 공간을 넓혀 갔다. 2차 원 정 전인 1280년 6월, 쿠빌라이 카안이 충렬왕에게 몽골 정부로 들 어오라는 명령을 내렸다. 실은 충렬왕이 자청한 것이었다. 실력자 인 힌두와 홍다구가 원정을 주도하자, 이를 막으려고 쿠빌라이에게 자신의 적극적인 의지를 직접 전하려 한 것이다. 홍다구의 영향력 은 크게 줄지 않았지만 성과가 없지는 않았다.

2차 원정 실패 후, 충렬왕의 권한은 눈에 띄게 강화된다. 쿠빌라 이 카안의 신임을 얻었고, 훈구 세력이 몰락한 틈을 타 친위 세력도 등용했다. 이 무렵이 13세기 마지막 왕 충렬의 전성기였다.

# 또 다른 고려 사람 김방경

여몽 연합군과 일본 이야기를 할 때 빼놓을 수 없는 사람이 있다. 김방경이다. 그는 일연과 거의 같은 시기를 살다 간 사람이다. 안동 출신인데 성품이 강직하고 도량이 넓다는 평을 얻었다.

김방경은 충성스럽고 신의가 있으며 그릇이 커서 작은 일에 구애받지 않았다. 평생 동안 임금의 득실을 말하지 않았으며, 비록 벼슬자리에 물러나 한가히 있을 적에도 나라 근심하기를 집안일과 같이 했고, 큰 논의가 있으면 임금이 반드시 자문했다.

《고려사》〈열전〉 제17, 김방경

김방경은 89세로 당시로서는 흔하지 않은 장수를 했다. 하지만 생을 마칠 때까지 왕의 신임을 얻은 것은 물론이요, 몽골로부터 신임 또한 두터웠다. 이 모두 평범하지 않다. 그는 몽골과의 전쟁기와 간섭기에 줄곧 활약하였다. 전쟁기에 몽골로부터 인정을 받고 간섭기에도 몽골 정부에 신뢰를 받은 몇 안 되는 고려의 관리였다.

## 덕과 나이와 벼슬을 겸비한 장수

이런 일화가 있다. 김방경이 58세 때 일이다. 함께 변방을 지키던 몽골 관리 뭉게투가 김방경에게 말했다.

"객지에 오래 있어서 심심하니 사냥으로 즐기겠다. 공은 나를 따르지 않으려는가?"

"어느 곳에서 사냥하려는가?"

"대동강을 건너서 황주, 봉주에 이르러 초도까지 들어가겠다."

"관인(뭉게투)도 황제의 명을 들었는데, 어찌 강을 건너려고 하는가?"

강을 건너지 말라는 황제의 명령이 내려진 상태였다. 김방경은 한번 내린 명령을 어길 사람이 아니었다. 그러나 마음이 벌써 강 건너로 가 있는 뭉게투 또한 고집을 꺾지 않았다.

"몽골 사람이 활 쏘고 사냥하는 것으로 일을 삼는 것은 황제도 안다. 그대가 어째서 막는가?"

김방경은 논리적인 설득이 필요하다는 것을 알았다.

"나는 사냥하는 것을 금하는 것이 아니고 강을 건너가는 것을 금할 뿐이다. 만약 사냥을 하려고 한다면 어찌 반드시 강을 건너 저

곳에 가야만 즐기겠는가?"

뭉게투는 명령으로도 논리로도 김방경을 이길 수 없음을 알았다.

"만일 강을 건너갔다고 황제께서 죄를 준다면, 내가 혼자 당할 터인데 그대가 무슨 상관이 있는가?"

거의 억지에 가까웠다. 김방경은 뭉게투를 끝까지 몰아붙였다.

"내가 여기 있는데 관인이 어떻게 강을 건너갈 수 있는가. 만일 건너고 싶거든 반드시 황제께 여쭈어라."

뭉게투는 김방경의 충성과 곧음이 천성에서 나온 것을 알고, 크게 공경하고 중히 여겼다.

김방경은 그야말로 13세기를 대표할 정치인이요 무인이었다. 익재 이제현의 아버지인 이진은 검교시중에까지 오른 고위직 관리이자 학문으로도 이름이 높았다. 그는 김방경을 이렇게 평가했다.

천하를 통틀어 언제나 존중되는 것 세 가지가 있다. '덕'이 하나이고 '나이'가 하나이고 '작(爵, 벼슬)'이 하나이다. 군자가 세상을 살면서 그중 하나나 둘을 얻는 것도 힘들고 어려운데, 하물며 셋을 어찌 얻을 수 있겠는가. 하지만 김방경은 어려움을 극복하고 백성을 구했으며 또한 사직을 다시 안정시켰으니 덕이 하나이고, 89세까지 수를 누렸으니 나이가 하나이며, 상국도원수로서 또 공에 봉해졌으니 작이 하나이다. 김방경은 셋을 고루 갖추었다.

〈김방경 묘지명〉에서

예나 이제나 마찬가지이다. 덕을 갖춘 사람이 오래 살면서 자기 뜻을 펼칠 벼슬자리에 있는 것, 무엇보다 복 받은 일이 아닌가. 김방경은 그런 세 가지를 모두 갖추었다는 것이다. 요즈음 말로 치면 인격도 좋고 건강하고 능력 있는 사람인 셈이다.

몽골과의 전쟁 기간 중, 김방경은 몽골군이 가장 꺼리는 적장이었다. 이는 전과만으로 그의 능력을 말하는 것이 아니다.

국경의 서북면 지휘관으로 백성을 이끌고 위도로 들어가 소개 작전을 펴던 때가 김방경 나이 37세 때였다. 고려 정부는 마을을 비워 점령군을 황당하게 만드는 이 작전을 전국에 걸쳐 썼다. 문제는 섬으로 들어간 백성이 먹고 살 '거리'였다. 김방경은 제방을 쌓아 평야를 개간하고 빗물을 받아 농사를 짓게 했다. 전쟁은 적과 싸우는 것만이 아님을 김방경은 잘 알고 있었던 것이다.

김방경은 전략과 전술에서도 완벽한 장수였다. 고려와 몽골 연합군이 일본을 쳐들어가기로 한 것은 1274년 11월이었다. 첫 번째 정벌이다. 그때 김방경은 벌써 62세의 노장이었다,

11월 출정은 태풍 같은 큰 바람을 피하기에 적절하다고 생각해 정했을 것이다. 그러나 일본에서 태풍은 11월에도 불어온다. 태평양에 직면한 열도의 특성 때문에 일본은 매년 평균 26회 정도 발생하는 태풍의 영향을 받지 않을 때가 거의 없었다.

연합군의 우리 쪽 선봉장은 김방경이었다. 후쿠오카에 상륙한 지 열흘쯤 지나, 일본군이 돌격해 와 김방경 부대와 충돌하였는데, 김방경이 화살을 한 개 빼어 쏘며 성난 소리로 크게 호통을 치자 일본

군은 겁에 질려 달아났다. 62세 노인의 기백이 그렇게 우렁찼다. 부하 장병들이 죽기를 무릅쓰고 싸웠다. "왜병이 크게 패하여 쓰러진 시체가 삼대가 깔려 있는 듯했다"고 역사서는 전한다.

문제는 그다음이었다.

몽골군 선봉장 쿠둔이 할 만큼 했으니 이만 군대를 물리자고 했다. 김방경은 반대하며 "우리 군사가 비록 적기는 하지만 이미 적의 땅에 들어와 스스로 힘을 다하여 싸우니, 이것이 곧 맹명이 배를 불태우고 회음후가 배수진을 친 격이다"라고 설득하였다. 맹명은 타고 온 배를 불태우는 필사의 각오로 진나라에 복수한 사람이고, 배수진은 물을 등지고 싸우는 회음후 한신의 유명한 전략이다. 그러나 쿠둔은 '피로한 군사를 몰아 많은 적과 싸우는 것은 완전한 계책이 아니'라며 듣지 않았다.

이때 쿠둔 밑의 부장이 홍다구였다. 홍다구는 몽골에 아부하여 앞잡이가 된 홍복원의 아들이다. 김방경을 질투했다고 할 만큼 경쟁심에 가득 차 있었는데, 철군은 실상 그의 의견이었을 것이다.

결국 해상에 머물던 그날 밤, 갑자기 바람이 크게 불고 비가 몰아쳤다. 태풍이었다. 바위와 벼랑에 전함이 부딪혀 부서지고, 원정군 가운데 바다에 빠져 죽은 이가 셀 수 없었다. 일본인이 가미카제라 자랑스러워하는 역사 속의 이 바람은 기실 11월의 태풍이었다.

김방경의 말을 따라 육지에서 전투를 계속했다면 입지 않았을 피해였다. 합포로 돌아와 군사를 세어 보니 돌아오지 못한 자는 13,500여 명, 원정군의 절반이 넘는 숫자였다.

# 역사가 그에게 등을 돌리는 까닭

김방경은 전략과 전술에서 완벽한 모습을 보여 준다. 우리 역사 기록에 남은 장수 가운데 이렇듯 완벽하게 임무를 완수한 사람을 보기 드물다. 조선의 장수가 이순신이라면 고려의 장수는 김방경이다. 그런데도 김방경은 우리에게 그다지 좋은 기억으로 남아 있지 않다. 활약상도 크게 알려지지 않았다. 왜 그럴까?

지난 1970년대 군사 정부 시절, 최씨 무인 정권의 몽골 항쟁을 맹목적으로 드높이던 때가 있었다. 특히 그 무리의 마지막인 삼별초는 나라를 위해 목숨 바친 순국의 꽃이었다. 그런 삼별초를 제압한 이가 김방경이다. 그러므로 그는 몽골의 앞잡이요, 민족적 수치의 상징이 되고 말았다.

그러나 최씨 정권의 권력욕이 몽골 전쟁의 원인이었다면 이야기는 달라진다. 전쟁으로 지키자고 했던 것이 진정 나라요, 민족의 자존심이었을까. 김방경은 몽골 항쟁의 목적이 최씨 정권이 자기 권력을 내놓지 않으려는 데 있다고 보았다. 그러므로 한 나라의 신하로서 저들을 묵과할 수 없었다.

왕조 시대에 나라의 중심은 곧 왕이다. 왕을 허수아비로 만들고 권력은 개인에게 가 있는 현실을 김방경은 받아들이지 않았다. 김방경의 이러한 태도는 틀리지 않다. 나아가 왕을 섬기는 일은 백성을 섬기는 일이다. 그래서 김방경은 섬에 갇힌 백성을 위해 농토를 개간했고, 전투를 준비하고 승리했다.

김방경이 삼별초를 제압한 것도 왕조 시대의 규율에 따른 것이다. 몽골에 아부하거나 협력하려고 이런 전투를 벌이지 않았다. 물론 역사적 정의감에서나 민족적 자존심에서 삼별초의 존재를 무시하지 못한다. 그렇다고 자기가 사는 시대의 질서를 몸 바쳐 지킨 김방경을 버릴 수도 없다. 이것은 13세기 고려 사회의 모순이었다. 또한 시대의 비극이었다.

김방경이 맹목적인 몽골 추종자이거나 민족의 배신자가 아니었다는 증거를 다음과 같은 일을 통해 볼 수 있다.

원정에서 돌아온 4년 뒤인 1278년 2월, 홍다구는 김방경을 몽골에 대한 반역죄로 걸었다. 원정 때도 사사건건 김방경을 물고 늘어진 그였다. 이제 아예 제거해 버리려는 흉계를 꾸몄다. 그 상황을 《고려사절요》에서는 다음과 같이 전한다.

왕이 힌두, 홍다구와 함께 다시 김방경을 국문하였다. 방경이 "소국은 상국을 하늘같이 받들고 어버이같이 사랑하는데, 어찌 하늘을 배반하고 어버이를 거역하여 스스로 멸망을 취하겠는가. 나는 차라리 억울하게 죽을지언정 거짓으로 자복할 수는 없다"고 말했다. 홍다구는 기어이 자복시키고자 하여 방경에게 참혹한 형벌을 가하니, 온몸에 온전한 곳이 없었으며 숨이 끊어졌다가 다시 깨어나기를 여러 번 하였다.　　　　《고려사절요》 충렬왕 4년(1278) 2월

반역의 실체는 없었다. 그냥 자백하라는 다그침만 있을 뿐이었다. 정황을 그렇게 몰고 가니, 당장의 고통에서 벗어나자면 그렇다

인정하는 것이 나았다. 그러나 김방경의 태도는 완강하다. 홍다구의 입장이 점점 난처해졌다. 주변에서 보는 눈도 심상치 않았다. 그래서 홍다구는 더 강하게 밀어붙인다.

홍다구가 가만히 왕의 측근 사람들을 달래기를, "날씨가 매우 차고 눈이 그치지 않으며 왕도 문초하기에 지쳤으니, 만일 방경을 자복하게 한다면 죄는 한 사람에게 그치고 말아 법에 따라 유배만 갈 뿐이니, 나라야 무슨 관계가 있겠느냐" 하였다. 왕이 그 말을 믿고 또 차마 볼 수가 없어서 "경이 비록 자복하더라도 천자께서 어질고 훌륭하시니, 장차 그것이 사실인지 아닌지를 밝힐 것이며 사형에 처하지는 않을 것인데, 어찌하여 스스로 이렇게까지 고통을 당하는가" 하고 일렀다.

김방경이 "주상께서 이러실 줄은 몰랐습니다. 신은 군인 출신으로 지위가 재상에 이르렀으니 몸이 죽어 없어질지라도 나라에 다 보답할 수 없는데, 어찌 한 몸을 아껴 없는 죄를 자복해서 사직을 저버리겠습니까"라 아뢰고, 홍다구를 돌아보며 "나를 죽이려거든 곧 죽여라. 나는 불의에 굴복하지 않겠다"고 말했다.

《고려사절요》 충렬왕 4년(1278) 2월

날씨는 차고 눈이 그치지 않는 날이었다. 여기서 왕은 충렬왕이고, 천자는 몽골(원)의 황제를 가리킨다. 자복하라는 왕의 국문에 김방경은 굽히지 않았다. 그 때문에 온몸에 온전한 곳이 없었으며 숨이 끊어졌다가 다시 깨어나기를 여러 번하였다. 66세의 노인이 맞나 싶을 정도다.

홍다구로서는 이 기회에 김방경을 완전히 처단하고 싶었고, 그것이 나라에는 아무 손해가 없다는 태도를 보인다. 도리어 왕이 딱하게 여겨 천자가 어질고 훌륭하여 장차 사실을 밝힐 것인데, 왜 '고통을 자초하느냐'고 묻고 있다. 김방경은 그러는 왕에게 도리어 맞선다. 몸이 죽어 없어질지라도 나라에 다 보답해야 신하인데, '내 몸을 아껴 사직을 저버리는 일'은 못 하겠다 한다.

홍다구를 향해 죽일 테면 죽이라고 소리친 김방경은 결국 대청도로 귀양 갔다. 김방경이 사면된 것은 그해 7월이었다. 몽골 황제의 신임은 충렬왕이 말한 대로였다.

3년 뒤인 1281년의 두 번째 일본 정벌 때였다.

김방경은 이때 벌써 일흔 살이었다. 노년으로 사직할 것을 청하지만, 왕은 "지금 천자께서 일본을 정벌하라는 명령을 내렸으니, 우리 나라에서도 마땅히 아뢰어 원수를 임명하여야 한다. 그런데 만일 공이 없는 다른 사람을 청한다면 황제가 어떻게 생각하겠는가" 하며, 허락하지 않았다. 김방경은 마지못해 출정하지만, 이때도 제 역할을 한 것은 그의 부대밖에 없었다.

이렇게 온몸을 바친 김방경인데 역사의 관심은 늘 그를 비켜 간다. 어쩌다 거론하더라도 삼별초를 잡아들인 몽골의 앞잡이 정도로만 여긴다.

# 어쩌면 고려의 이순신?

김제상, 곧 박제상의 죽음을 우리는 잘 안다. "장작불로 몸을 태워 문드러지게 한 뒤 칼로 베었다"는 《삼국사기》의 요약된 정보는 《삼국유사》에 와서 그 처참함을 더욱 극적으로 묘사한다. 발바닥을 벗겨 갈대 위를 걷게 하고, 뜨거운 철판 위에 세워 두는 참혹한 형벌이 고스란히 나온다.

이 같은 묘사에는 의도가 있다. '오랜 원한의 대상'으로서 일본을 두고 좀 더 구체적이고 현실적인 문제도 걸리게 했다는 것이다. 승려로서 일연은 삶과 죽음에 대해 더 크고 궁극적인 것을 생각했으나, 국사로서 일연은 출정을 앞둔 고려의 군인에게 박제상의 죽음이 주는 의미, 곧 '이겨야 살아 돌아올 수 있는 현실'을 접어 두기 어려웠으리라 보인다. 그래서 국사로서 일연은 앞서 나온 극적인 묘사를 선택한다.

신라 사신을 잔인하게 죽이는 일본의 왕. 이런 상황은 원정에 나서는 고려의 군인이 다 똑같이 당할지 모른다. 언제라고 전쟁터가 다르겠는가. 다만 지금 상대가 일본이니, 우리의 옛 이야기에서 일본을 만난 사례로 박제상을 가져왔다. 병사들이 살아 돌아오기만 바라며 경계와 교훈을 삼은 것이다.

그것을 실천한 인물이 바로 일연과 같은 시대를 산 김방경이다.

왕조 사회의 신하로서 본분을 다하자는 생각은 박제상과 김방경이 같다. 심지어 조선의 이순신도 마찬가지였다. 박제상은 일본에서 죽었고 이순신은 일본군의 총탄에 죽었다. 같은 곤욕을 치렀음에도 김방경은 살아남았다. 그것이 다르다면 다를 뿐이다.

전공을 올리고도 당하는 억울한 사정, 결코 자신의 신념을 굽히지 않는 강직한 태도, 김방경에게서 남는 인상이다. 더 나아가 김방경의 몽골에 대한 태도 또한 현실적으로 보인다. 대국의 틈에 끼어 난처한 입장은 김방경의 시대가 그 가운데서도 심했다. 그러므로 나라를 지키는 길이 무엇인지 알자면, 먼저 백성을 생각하고 싸움에서 이길 방법을 찾아 두고, 마지막에는 죽기를 각오하는 기백이 있을 뿐이다. 김방경은 그것을 실천했다.

이런 사람이기에 우리는 이순신을 떠올린다.

일연이 김방경을 몰랐을 리 없다. 남겨진 기록에서 두 사람이 교류한 흔적을 찾을 수 없을 뿐이다. 그래서 구체적인 사실은 모르지만, 김방경보다 여섯 살 위이고, 제2차 일본 정벌 무렵 국사로 임명된 일연에게 김방경은 어떤 식으로든 각인되었으리라 보인다. 무엇보다 김방경이 택한 현실주의적인 길은 일연과 대응되어 흥미롭다.

승려로서 일연은 굳이 그럴 까닭이 없었으나, 국사로서 일연은 출정을 앞둔 고려의 군인에게 어떤 역할이든 하여야 했다. 그러므로 김방경 같은 출중한 장수가 소중했다. 먼 역사 속에서 박제상의 죽음이 주는 속뜻은 이겨서 살아 돌아오라는 것이었다. 그것이 현실이 되어야 하고, 일연이 바라는 바였다. 그래서 박제상에 대해 상세하게 묘사하였다. 김방경을 연상하게 하는 《삼국유사》의 인물 창조라 하겠다.

그런 김방경이 이순신과 다른 오직 한 가지가 있다. 이순신은 노량 해전에서 전사하였다. 향년 53세였다. 노량 해전은 어차피 7년의 전쟁에 종지부를 찍는, 지휘관이 굳이 선두에 나설 필요도 없는 전투였다. 일본군은 본국의 명령을 받아 퇴각하는 길이었기 때문이다. 이순신은 거기서 죽었다. 그래서 이순신의 죽음이 안타까우면서, 심지어 죽음을 자초했다는 말까지 나온다. 이 총명한 사람은 종전 후 맞이할지 모르는 변덕스러운 세상의 인심을 읽고 있었는지도 모른다. 그와는 달리, 행인지 불행인지, 김방경은 두 번의 원정에서도 살아 돌아왔다. 그것이 김방경과 이순신의 다른 점이다.

장수가 전쟁터에서 죽으면 그에게는 영원불멸이 따라다닌다. 김방경은 그러지 못했다. ✾

# 삼국유사에 반영된 시대의 비극

일연은 노심초사 끝에 우리의 정체를 알려 준다. 혹 자신의 글이 호사가의 입방아에 오르지 않나 염려하며, 혹 자신의 글이 대국인 몽골의 비위를 상하게 하지 않나 염려하며. 하지만 그렇게 해서라도 말할 기회를 얻어 우리의 진정한 가치가 무엇인지 알린다.

# 추락한 군신의 윤리

고려의 무인 정권은 1196년 최충헌이 권력을 잡으며 안정기를 이룬다. 그러나 강력한 최충헌 정권에게도 도전 세력이 없지 않았다. 그가 가장 큰 위기를 맞은 사건이 최충헌 집권 15년쯤 뒤에 벌어진다.

최충헌이 수창궁에 나아가서 왕의 앞에 있었는데, 조금 뒤에 왕이 안으로 들어가고 환관이 충헌의 호위무사를 속여 말하기를, "왕의 명령이 있어 술과 밥을 내려 준다" 하면서 무사를 이끌고 긴 복도 사이로 깊이 들어갔다. 조금 뒤에 승려와 속인 10여 명이 병기를 가지고 갑자기 뛰어와서 호위무사 2, 3명을 쳤다. 충헌이 변고가 있음을 알고 창황히 아뢰기를, "주상께서는 신을 구원해 주소서" 하니, 왕은 말하지 않고 잠자코 문을 닫으며 들이지 않았다. 충헌이 어찌할 계책이 없어서 지주사 방의 장지문 사이에 숨어 있으니, 한 승려가 세 번이나 찾았으나 결국 잡지 못하였다.

《고려사절요》 희종 7년(1211) 12월

왕과 환관, 그리고 일단의 승려가 합세하여 최충헌 살해를 시도하는 사건이다. 여기서 왕은 희종이다. 최충헌은 집권 당시 명종을 폐위하고 신종을 세웠다가 다시 왕을 바꾸는데, 그 왕이 희종이다. 1204년의 일이었다. 그런 희종이 7년 뒤, 무인 정권에 불만을 가진 불교 세력의 도움을 받아 최충헌을 죽이려 한 것이다.

반복되는 최충헌의 암살 시도에는 승려가 자주 개입한다. 이는 무인 정권이 기존의 불교 세력을 축출한 데서 연유한다. 여기서도 '승려와 속인 10여 명'이 작당하고 있다. 무엇보다 위중한 것은 이번에는 왕이 개입해 있다는 사실이다. 이미 암살 세력과 손잡은 상태라 왕은 충헌의 구원 요청을 외면하였다. 그러나 최충헌은 몸을 숨겨 겨우 화를 모면했고, 마침 궁 안에 있던 김약진과 정숙첨이 도와 안전한 곳으로 옮겨 갔다.

김약진이 암살 세력에 보복과 더불어 왕까지 죽이자고 나섰는데, 최충헌은 의외로 차분히 나라 꼴을 걱정하며 "뒷세상의 구실이 될까 두렵다. 내가 마땅히 심문할 것이니 너는 경솔히 가지 마라"하고 타일렀다. 하지만 사태가 안정되자 왕을 폐위하여 강화도로 옮겼고, 태자를 비롯한 가까운 일족도 모두 유배시켰다. 다음 왕인 강종은 한남공 왕정이라는, 왕실의 족보에서 아주 먼 이였다.

이 사건은 13세기에 벌어진 대표적인 군신 사이의 배신을 보여 준다. 어느 시대인들 이런 일이 없으랴마는, 누란의 위기에 처한 시기의 모반은 권력자 사이의 유혈로 그치지 않는다. 모반이 곧 백성의 삶과 직결되기 때문이다.

## 배신의 원형, 염장과 궁파

《삼국유사》에서 이 같은 군신 사이의 배신을 보여 주는 사건이 염장의 궁파 살해이다. 궁파는 장보고의 다른 이름이다. 이 사건은 두 가지 층위를 가지고 있다.

첫 번째 층위는 신무왕과 궁파 사이에 벌어진 일이다.

신무왕이 왕자였을 때, 데리고 있던 신하 궁파에게 말하였다.

"내겐 함께 하늘을 같이하지 못할 원수가 있소. 그대가 나를 위해 원수를 제거해 주고 내가 왕위에 오르면, 그대의 딸을 맞아 왕비로 삼겠소."

궁파가 응낙하고, 마음과 힘을 함께하여 군사를 일으키고 서울을 쳐서 그 일을 이룩해 냈다. 왕위에 오른 다음 궁파의 딸로 왕비를 삼고자 했으나, 여러 신하가 극렬히 아뢰었다.

"궁파는 미미한 사람입니다. 왕께서 그 딸을 왕비에 앉게 하시는 것은 옳지 못합니다."

왕은 그 말에 따랐다.

그때 궁파는 청해진에서 군사를 이끌고 있었다. 왕이 말을 어긴 것을 원망하여 반란을 꾀하였다.

《삼국유사》 기이, 〈신무대왕과 염장, 궁파〉에서

신무왕의 이름은 우징이다. 그가 말하는 '하늘을 같이하지 못할 원수'란 당시 왕이었던 민애왕 김명이다.

당초 흥덕왕이 죽은 뒤 왕족인 균정과 제륭 사이에 왕위 쟁탈전이 벌어졌다. 김명은 시중 이홍과 함께 제륭을 밀어 희강왕으로 세웠다. 이때 균정을 죽였다. 얼마 안 있어 김명은 희강왕마저 죽이고 자신이 아예 왕이 되었다. 민애왕이다.

그런데 우징은 김명이 죽인 균정의 아들이다. 그가 민애왕을 원수로 여기는 까닭이다. 민애왕은 희강왕을 부추겨 균정, 곧 우징의 아버지를 죽인 것이나 다름없다. 그리고 끝내 희강왕마저 죽인 다음 자신의 야망을 달성한 것이다.

우징은 측근과 군사를 착실히 키워 드디어 민애왕을 쳤다. 여기서 궁파의 역할이 컸다. 민애왕은 왕이 된 지 1년 만에 《삼국사기》의 기록에 따르면, "측근들도 모두 흩어져 가 버리고 혼자 서서 어찌할 바를 몰라 하다가" 가엾게 죽었다. 그래서 '가엾고 애통하다閔哀'는 뜻의 민애왕이다.

신무왕에 오른 우징은 궁파와 했던 즉위 전의 약속을 지키지 않았다. 왕이 신하를 배신한 것이다. 전형적인 토사구팽이다. 토끼를 잡고 나면 사냥개는 주인에게 먹힌다는 비정한 고사 그대로이다.

배신을 당한 신하 궁파는 복수를 꾀한다. 여기까지가 배신과 복수라는 첫 번째 층위이다.

그런데 이어지는 이야기에서 궁파의 위치가 바뀐다. 죽이려는 자에서 죽임 당하는 자로 말이다. 두 번째 층위의 이야기이다.

먼저 염장이 신무왕 앞에 나와 궁파를 제거하겠다고 말했다. 궁파 때문에 신변의 위협을 느끼던 왕은 기꺼이 허락하였다. 염장은 이 기회에 왕에게 잘 보여 자리 하나를 차지하려 했을 것이다. 염장은 곧장 궁파를 찾아갔다.

"그대는 무슨 일로 여기에 왔는가?"
"왕에게 거스르는 짓을 했습니다. 장군께 붙어 해코지를 면해 보려 할 따름입니다."
"잘 왔군."
궁파는 술을 마시며 즐거이 놀았다. 술이 거나해지자 염장은 궁파의 긴 칼을 뽑아 목을 베어 버렸다. 아래 군사들이 놀라고 두려워하면서 모두 땅바닥에 엎드렸다. 염장은 그들을 이끌고 서울에 이르러 왕에게 보고하였다.
"궁파의 목을 베었나이다."
왕은 기뻐하며 상으로 아간 벼슬을 내렸다.

《삼국유사》 기이, 〈신무대왕과 염장, 궁파〉에서

염장은 궁파를 만나 자신 또한 왕에게 버림받고 왔노라 말하였다. 궁파를 죽이려는 계책의 출발이었다. 왕에게 배신당한 경험이 있는 궁파를 속이는 데 적당한 방법이었다. 그렇게 궁파를 안심시킨 염장은 결국 그의 목을 베었다.

두 번째 층위에서 궁파는 장군으로서 왕의 위치, 염장은 부하로서 신하의 위치이다. 이 장군과 부하 사이에서도 배신극이 펼쳐진다. 장군을 죽인 부하는 왕에게 반란을 꾀했던 신하와 겹친다. 배신의 왕은 배신당한 신하를 죽이거니와, 이는 희종과 최충헌 사이에 벌어진 배신극이나 마찬가지 상황이다.

일연은 자기 시대의 비극을 신라의 신무왕-궁파-염장의 관계 속에서 상징적으로 설명하고 있다. 궁파가 반란을 꾀하고 염장이 궁파를 죽이는 사건은, 최충헌이 왕의 권력을 빼앗고 왕이 최충헌을 죽이려는 상황과 흡사하다. 유사한 사건을 떠올려 역사의 교훈을 삼자는 의도가 분명하다. 생애 내내 배신의 칼날을 목격하며, 일연은 궁파와 염장의 겹쳐진 배신극에서 자기 시대를 읽은 것이다.

흔히 역사는 반복된다고 말한다. 그러나 엄밀히 따지면 이것은 반복이 아니다. 어느 때가 됐든 부조리한 상황 속에서 필연적으로 나타나는 현상이다. 일연은 궁파의 사건을 통해 자기 시대의 부조리를 말하고 싶었을 것이다.

부조리의 극치는 배신이다.

일연이 살던 시대인 13세기 고려는 왕과, 권력자와, 권력을 노리는 자의 복잡한 삼각관계 속에 놓여 있었다. 정중부를 내세운 무인 집권 세력 가운데 경대승이 가장 먼저 배신의 각을 이루었다면, 이의민이 경대승을 밀어내 또 한 각을 마련하고, 최충헌에 와서 이의민마저 배신의 칼날에 죽어 갔다. 배신의 삼각관계 속에서였다.

사실 어느 왕조 시대라고 이와 크게 다르겠는가. 좀 더 첨예한가, 그렇지 않은가 그 차이일 뿐이다. 심지어 민주주의를 표방하는 지금 시대도 마찬가지이다.

대한민국의 군부 쿠데타가 성공한 1961년의 경우, 육군 참모총장 장도영은 당초 자신을 내세운 박정희 소장에게 제거되었고, 1979년의 경우, 육군 참모총장 정승화도 자신을 내세운 전두환 소장에게 제거된다. 장도영이나 정승화는 마치 고려의 정중부 같다. 박정희나 전두환이라는, 경대승이나 이의민 같은 부하에게 배신을 당한 모습에서 그렇다.

일연이 살던 시대는 거기서 그치지 않았다. 최씨 무신 정권 말기에 배신은 또 한 번 소용돌이쳤다. 그는 무인 김준이 최씨 정권의 4대주 최의를, 그 김준을 같은 무인 임연이 죽이는 광경을 목격하였다.

사실 정중부에서 최충헌에 이르는 물고 물리는 살육의 참극은 일연이 태어나기 전에 일어난 일이다. 그로서는 다 전해 들은 이야기였다. 이에 비한다면 최의와 김준의 죽음은 각각 일연이 52세(1258), 62세(1268) 때 일이다. 2년 뒤에는 임연마저 죽는다. 몽골과의 오랜 전쟁이 일연을 괴롭혔지만, 정권은 그나마 안정되어 있던 시기였다. 그러나 50대 이후 10여 년을 두고 요동친 권력 싸움을 보게 된 일연에게는 정권의 안정보다는 도리어 그런 참극이 자신의 안위와 훨씬 가까워 보였을 것이다.

배신의 시대였다. 목숨은 경각이었다. 일연은 궁파의 삶이 거기서 새삼스레 떠올랐다.

## 달라진 궁파 이야기

그렇기에 같은 사건을 두고 적어도 김부식의 《삼국사기》는 일연과 결을 달리한다. 김부식의 시대는 군신의 윤리를 유교의 논리로 세우고 있었다. 궁파를 궁복이라 표기한 《삼국사기》에서 일련의 사건 진행을 요약하면 다음과 같다.

### 민애왕 원년

우징은 궁복에게, "(민애왕은) 임금과 아버지를 그릇되게 죽였으니 같은 하늘 아래 살 수 없다. 장군의 군사를 빌려 원수를 갚고자 한다"고 하자, 궁복은 '정의를 보고도 행동하지 않는 것은 용기가 없는 것'이라며 도왔다.

### 문성왕 7년

왕이 궁복의 딸을 맞이해 둘째 왕비로 삼으려 하자 조정의 신하가 '섬사람의 딸'이라며 반대하였다.

### 문성왕 8년

궁복이 딸의 일로 반심을 품자, 염장이 나서 단신으로 들어가 '거짓으로 나라에 반역한 것처럼' 궁복을 속이고 죽였다.

궁복의 도움, 딸의 혼담, 염장의 궁복 제거라는, 김부식이 기록한 이 세 가지 일화가 하나로 연결되어 《삼국유사》의 궁파 이야기가 되었음을 알 수 있다.

그러나 둘 사이에는 크게 두 가지가 다르다.

먼저 우징, 곧 신무왕이 궁복(파)과 한 약속이나 배신은 아예 없다. 그저 궁복이 의리를 내세워 신무왕을 도왔고, 평정 후에 신무왕이 궁복을 감의군사로 삼고 식읍 2천 호를 봉해 준 일 정도로 마무리되었다. 따라서 이는 군신 간의 의리 문제를 다루고 있을 뿐이다. 민애왕은 국정 질서를 어지럽혔고, 심지어 제 손으로 세운 왕도 죽였다. 그런 자를 제거하는 것은 군신 간의 의리를 바로 세우는 일이었다.

또 한 가지 다른 점은 혼담이다. 약속 같은 것은 보이지 않고, 우징(신무왕)과 궁복 사이의 거래가 끝난 7년 뒤, 문성왕이 궁복의 딸을 후비로 맞이하려 한다. 문성왕은 신무왕의 아들이다. 아버지들 사이에 묵계가 있었는지, 궁복의 힘을 얻으려 문성왕이 시도한 결혼 정책이었는지, 김부식은 아무런 소식을 전해 주지 않는다. 다만 문성왕이 즉위한 뒤 궁복을 진해장군으로 임명한 일이 있었다. 그렇다면 아마 후자에 가까울 것 같다.

어쨌건 이 일이 어긋나 궁복의 반역이 시작된다. 염장이 궁복을 제거하여 문제를 해결하는 과정은 김부식과 일연의 기록이 같다. 다만 일연의 기록이 훨씬 자세하고, 염장에게 아간 벼슬을 준 사실도 여기서만 보인다.

결론적으로 김부식의 서술을 요약해 보면 이렇다.

궁복은 우징의 청을 받아들여 그가 신무왕으로 오르도록 크게 돕는다. 그것이 군신 간의 바른 의리이다. 신무왕은 즉위 7개월 만에 갑자기 세상을 떠나고, 아들인 문성왕이 올라 궁복의 공을 더 평가하여 진해장군으로 삼는다. 그리고 7년 뒤에는 딸을 후비로 맞으려 한다. 하지만 이 일은 신하의 반대로 이뤄지지 않는다. 이에 불만을 가진 궁복이 반란을 꾀하자, 염장이 꾀를 써 궁복을 죽여 우환을 도려낸다. 이 또한 신하인 염장이 군왕인 문성에게 보이는 군신 간의 바른 의리이다.

사건이 신무왕 한 대에 일어나지 않고, 신무왕과 문성왕 2대에 걸쳐져 있다. 주제는 당연히 군신 간의 바른 의리이다.

그러면 일연은 사건의 전말을 제대로 파악하지 못하고 썼을까? 원문의 문장을 보면 일연이 《삼국사기》를 그대로 인용한 것 같지 않다. 내용은 같지만 문장 구조가 아주 다르다. 일연이 본 다른 어떤 자료에서는 《삼국유사》의 내용처럼 나와 있었을까? 가끔 등장하는 《전삼국사前三國史》라는 책이었을까?

이 문제는 의문으로 남겨 두지만, 우선 내릴 수 있는 결론은 이렇다. 김부식에게는 전형적인 '군신 간의 의리'가 더 눈에 들어왔다. 같은 사건을 두고도 일연은 물고 물리는 '배신의 악순환'이 더 눈에 들어왔다.

# 김부식과 당대의 문화 🌿

말이 나온 김에 김부식과 그의 시대를 조금 살피고 넘어가자.

김부식은 고려 중기의 유학자이자 역사가, 정치가였다. 신라가 망할 무렵 그의 증조부인 김위영은 고려 태조에게 귀의해 경주 지방의 행정을 담당하는 주장에 임명되었다. 그 뒤 김부식 4형제가 중앙 관료로 진출할 때까지 생활 기반은 경주에 있었다.

그의 가문이 중앙 정계에 진출하기 시작한 것은 아버지 김근 때부터였으나, 안타깝게도 김근은 젊은 나이에 세상을 떴다. 그래서 김부식은 어려서부터 편모 슬하에서 자랐다. 그런데 그를 포함한 4형제는 모두 문장에 뛰어나고 박학하여, 과거에 합격하고 중앙 정계에서 벼슬을 하였다.

아버지는 아들들에게 분명한 소망이 있었다. 최고의 문장가로 입신양명하기를 바란 것이다. 그런 소망은 아들들 이름에 이미 들어 있다. 김부식의 동생이 김부'철'이다. 이렇게 놓고 보면 송의 문장가 집안 소순이 자식에게 붙인 이름 소식과 소철이 떠오른다. 소식은 바로 북송의 명문장가 소동파이다.

김부식이 관계에 진출한 것은 그의 나이 스물두 살 때였다. 그로부터 20여 년 동안 주로 학문적인 자리에 있으면서 세상을 보는 눈의 폭과 깊이를 더해 나갔다. 이 같은 김부식의 학문이 빛을 낸 것은 예종 11년(1116년) 7월에 중국에 사신으로 가서였다.

김부식은 사신으로 여섯 달 동안 머물며 송나라 휘종의 융숭한 대접을 받았고, 휘종은 이제 막 불혹의 나이에 들어선 패기에 찬 학자에게 사마광의《자치통감》한 질을 선물로 주었다. 김부식은 황홀했다. 황제로부터 선물을 받아서만이 아니라, 이 책에 버금갈 우리의 역사서를 써 보리라는 결심이 섰기 때문이었다. 그것은 분명 나중에《삼국사기》를 편찬하는 중요한 계기가 되었다.

묘청의 난을 물리친 후 김부식은 승승장구하게 된다. 수충정난정국공신에 책봉되고, 검교태보 수태위 문하시중 판이부사로 승진했다. 그뿐만 아니라 감수국사 상주국 태자태보의 자리도 겸하였다. 모두 왕 아래에서 나라의 일을 결정하는 핵심적인 위치였다.

그러나 그의 일생이 끝까지 순탄하지만은 않았다. 정치적으로 높은 자리에 오를수록 정적은 생겨났고, 정적과의 끊임없는 투쟁이 이어졌다. 관직에서 물러난 것도 반대파들의 거센 압력에 밀린 듯한 느낌마저 들게 한다.

김부식은 전형적인 중세의 유교적 합리주의자였다. 유교의 대의명분으로 끊임없이 자신의 정치적인 이상을 실현해 보려 했다. 그런 김부식의 세계관을 잘 나타내 주는 시가 〈결기궁結綺宮〉이다.

요 임금의 섬돌은 석 자밖에 안 되었지만
오랜 세월 그 덕이 남아 전한다네.
진 나라의 성은 만 리나 되었지만
겨우 아들 때에 그 나라를 잃었다네.

결기궁은 중국 진나라 후주가 584년에 지은 누각 셋 가운데 하나이다. 모두 침단향목으로 틀을 세우고 금은보옥으로 장식하였으며, 기화요초를 심어 사치를 다하였다. 그래서 호사스러운 궁이나 누각의 대명사처럼 쓰인다. 그러나 왕의 권위는 이런 데서 나오지 않는다. 요 임금과 진시황의 경우를 들어, 무엇이 진정한 권위요 백성을 위한 길인지 김부식은 요령 있게 설파하고 있다.

김부식이 《삼국사기》를 편찬하기로 한 것은 관직에서 물러난 다음이었다. 왕은 그를 도와줄 젊은 관료를 보내 주었다. 김부식은 인간의 운명적 생애에다 자신을 대입시켜 가며 역사의 흐름을 보았다. 그것이 《삼국사기》의 큰 줄거리였다. 더 나아가 《삼국사기》를 통해 유교적 이상 국가를 실현하는 데 거울로 삼으려 하였다.

편찬의 더 직접적인 목적은 김부식이 쓴 글에서 잘 나타난다. 왕에게 올린 표문이 그것이다. 김부식은 이 글에서, 우리나라의 식자층들조차도 우리 역사를 모르고 있다고 개탄한다.

그러면서 첫째, 중국 문헌들은 우리나라 역사를 지나치게 간략하게 기록하였으니 우리 것을 자세히 써야 한다는 것. 둘째, 현존하는 여러 역사서의 내용이 빈약하기 때문에 다시 서술해야겠다는 것. 셋째, 왕과 신하, 백성들의 잘잘못을 가려 행동 규범을 드러냄으로써 후세에 교훈을 삼고자 하겠다는 것을 밝힌다.

우리는 이것이 12세기 상황에서 당시의 지식인이 갖출 수 있는 최상의 민족주의였다고 본다. 그런데도 《삼국사기》를 '얻은 것보다 잃은 것이 더 많은 책'이라 평한다. 김부식이 취한 철저한 사대주의적인 태도 때문이다. 모처럼 우리 역사에 대한 애정과 필요성을 자각하였지만, 지나친 중국 의존 때문에 사람들의 입방아에서 자유롭지 못했던 것이다. 자료도 중국 쪽에서 나온 것을 더 신뢰한다. 그러므로 시각이 자연스레 그쪽으로 기울었다.

그러나 이런 측면 또한 있다.

한문은 당대의 세계어였다. 이를 얼마나 자유자재로 높은 수준에서 구사하는가, 당시 사람들에게 그것은 지상의 과제였다.《삼국사기》는 한문을 공용어로 받아들인 고려 사회가 드디어 이 언어 체계를 완벽하게 소화했음을 보여 주는 좋은 예이다. 역사서를 쓰는 방법론이 자리 잡혔고, 문장 또한 완벽하게 구사했다.

김부식은 이 모든 일을 해낸 사람이었다. 그것은 김부식 개인의 능력이기도 했고, 시대가 오랫동안 깊게 쌓아 둔 학식과 지혜의 결과이기도 했다.

그러므로 궁복에 얽힌 사건을 쓰면서 김부식이 '군신 간의 의리'에 초점을 맞춘 것은 당연하다. 이는 유교 이데올로기를 전하려는 저자의 의지에서 나온 자연스러운 산물이었다. 궁복의 태도는 신무왕에게 옳았고 문성왕에게 틀렸다. 김부식은 그 말이 하고 싶었다.

그러나 김부식과 달리 일연에게는 '배신의 악순환'이 먼저 눈에 들어왔다. 궁파는 바르지 못한 시대의 비극적인 희생자라 말하고 싶었다. 같은 사건을 두고도 시선은 이렇게 다르다.

# 세속과 은거의 사이

## 단속사와 산청

경남 산청은 지리산 동쪽 기슭에 있는 작은 읍이다. 산청이란 이름만큼 맑고 깨끗하기 그지없는 동네이다. 읍내에서 조금 떨어져 산으로 올라가는 쪽에 옛 마을 이름으로 '속휴俗休'라는 곳이 있다. 산청에 속휴라니, 가슴 한 구석 서늘해진다.

속휴, 속된 것은 그만두라.

얼마나 더 맑고 깨끗해야 하는 것일까? 거기에 마을 이름을 닮은 절이 있었으니 바로 단속사斷俗寺, 속세를 끊은 절이다. 이제는 허물어져 탑 두 기만 우뚝하게 절터에 남아 있다.

정녕 산청, 속휴, 단속의 뜻이 한가지이다.

단속사의 창건 경위에 대해서는 《삼국사기》와 《삼국유사》의 기록이 다르다. 전자는 이순이, 후자는 신충과 그 벗들이 경덕왕 22년(763)에 지었다고 전한다. 임금과 나라에 충성하는 마음의 계기는 서로 비슷하다. 그러나 그렇게 된 경위를 기술한 《삼국유사》의 기록은, 일연이 《삼국사기》의 관련 기록을 잘못 읽어 저지른 오류라고 많은 연구자가 말하고 있다. 정말이라면 낭패다. 이에 대해서는 뒤에 다시 자세히 말하겠다.

단속사가 고려 시대에 들어와 어떤 모습으로 이어져 왔는지 확실한 기록은 찾을 길 없다. 오직 일연의 생애와 관련하여 어렴풋이 자취를 보인다.

당시 최충헌의 권력을 이은 아들 최이는 후손을 얻지 못하고 있었다. 아버지에게 받은 정권을 대대로 물려주어야 하는 그로서는 초조했다. 최이의 부인은 정숙첨의 딸이다. 정숙첨은 최충헌의 강력한 후원자였으며, 정숙첨의 아들 정안은 최충헌의 처남이자 복심이었다. 떼려야 뗄 수 없는 관계인 집안에서 시집온 아내가 아들까지 낳아 준다면 더할 나위 없으련만, 마지막 조각을 맞추지 못한 그림은 끝내 불행으로 얼룩졌다.

최이는 기생인 서련에게서 두 아들을 얻었다. 만종과 만전이다. 이 이름은 그들이 출가하여 얻은 법명이다. 최이는 요행히 아들을 얻었으나 둘 다 행실이 좋지 못하여, 고심 끝에 아들들을 송광사로 보내 승려로 만든다. 그리고 만전은 쌍봉사, 만종은 단속사의 주지로 있게 했다. 사람 좀 만들어 보겠다는 속셈이었으리라.

쌍봉사는 전남 화순에 있으니 단속사와 같은 지리산의 맥을 타고 있는 셈이다. 가까운 거처를 중심으로 둘은 합작하여 온갖 행패를 부렸다. 제 버릇 남 못 준다는 속담 그대로다. 엄청난 금, 은, 쌀을 가지고 돈놀이를 하는 것으로 재산도 늘려 나갔다. 게다가 그의 문도를 자처하는 무뢰배가 들끓어 민심은 날로 흉악해졌다.

그러나 자신의 최후가 다가온 것을 안 최이는 어쩔 수 없이 만전을 환속시켜 대를 잇게 한다. 그가 바로 최씨 정권 3대주 최항이다. 1249년의 일이다.

산청, 속휴, 단속과는 아주 거리가 먼 이야기이다.

일연이 마흔세 살 때 처음 주지의 자리를 얻어 나간 곳이 남해의 정림사였거니와, 절을 세운 정안이 바로 최이의 처남이자 복심이다. 그러다 보니 이런 연줄로 세속의 권력이 엉킨 곳에 일연 또한 발을 들여놓게 되었던 것이다.

## 벼슬을 버린 신충

이제 《삼국유사》의 신충 이야기로 들어가 보자. 〈신충괘관〉, 곧 '벼슬을 버린 신충'이라는 이야기에서 신충이라는 인물은 어떤 연유로 세상을 피해 은거해 들어갔는가.

이야기는 '피은' 편에 실려 있다. 이 편목이 지닌 뜻은 '피세은거避世隱居'로 이해된다. 거친 세상을 피해 숨어 산다는 뜻이다. 그러나 피은은 난세에서만의 일이 아니다. 실로 어느 때건 지혜로운 자가 선택하는 지혜로운 처신 방법이다.

먼저 신충이 세상에 쓰임을 받는 대목을 보자.

신충은 효성왕이 아직 왕위에 오르지 못하고 있을 때부터 절친한 사이였다. 잣나무 잎이 우거진 그늘 아래서 더불어 바둑을 두며 성심껏 모셨다. 그러자 이 패기만만한 왕자는 이렇게 약속했다.

"내 장차 왕위에 오르거든 그대를 잊지 않겠소. 내 이 잣나무에 대고 맹세하리다."

드디어 효성왕은 그 자리에 올랐다. 그러나 약속과는 달리 신충과 맺은 약속을 까맣게 잊어버렸다. 신충은 상심한 마음에 노래를 지어 옛날 함께 지내던 그 정원의 잣나무에 걸었다. 이 노래가 바로 〈원가〉이다. 그랬더니 생생하던 잣나무의 나뭇잎이 갑자기 말라 떨어져 버렸다.

이 기이한 소식은 곧바로 왕에게 전해졌고, 왕은 곧 자신의 무심함을 반성하고 신충을 불러들였다.　　《삼국유사》 피은, 〈신충괘관〉에서

---

왕위를 차지하고 지켜가기 위해서는 힘을 길러야 했고, 그런 방법 가운데 하나가 능력 있는 인물을 주변에 두루 포진시키는 것이었다. 효성왕이 신충에게 한 약속은 다분히 자기 사람을 만드는 의도에서 나온다. 실은 그다지 친한 사이가 아니었다고 주장하는 학자도 있다. 그래서였을까, 효성왕이 등극한 다음 논공행상 과정에서 신충은 일단 제외되었다.

그때 신충이 취할 태도란 왕으로 하여금 옛 약속을 일깨우게 하는 것밖에 없었다. 여기에 〈원가〉라는 노래가 극적으로 개입된다. 노래는 효과를 보았다. 왕이 마음을 고쳐먹고 신충을 등용한 것이다.

이야기는 은거하는 후반부로 이어진다.

신충은 효성왕부터 경덕왕까지 두 임금에 걸쳐 총애를 받았다.
경덕왕 22년이었다.
신충이 두 친구와 더불어 갓을 벗어 걸고 남악으로 들어가 두 번
씩 불러도 나오지 않았다. 더 나아가 머리를 깎고 승려가 되어, 왕
을 위해 단속사를 창건하고 복을 빌겠다고 하니, 왕이 허락하였다.
왕의 영정이 금당 뒷벽에 있다.　　　　《삼국유사》 피은, 〈신충괘관〉에서

앞선 이야기에 이어 자연스럽게 신충이 벼슬을 내놓고 은거하게
된 과정이 나온다. 여기서 남산은 지리산을 말하고 절은 단속사이다.
　남산으로 들어간 대목에서 어떤 정치적인 변화를 추정해 볼 수
있다. 하지만 머리 깎고 승려가 되는 적극적인 은거에서는 그가 숨
는 목적이 단순히 목숨을 보전하려는 방편에만 있지 않아 보인다.
세속의 명예와 권력이 좋다고는 하나 인생의 무상함을 무엇으로 해
결할 수 있으랴. 무상을 초월하는 어떤 절대 선을 찾아야 한다.
　처음 신충의 태도는 유교적인 피은 의식에서 나왔다. 불교적이
라 하기 어렵다. 그러나 세속의 인연을 멀리하고 완벽한 은거의 길
로 접어드는 대목에 이르러 보면 불교에 가까워진다. 신충은 유교
적 도리를 지키는 입장이다가, 드러내도 드러나지 않고 숨어도 숨
지 않는 불교적 피은으로 바뀌어 간다. 일연이 신충의 이야기를 실
은 속내는 여기에 있다.

유서 깊은 절 단속사와 신충의 불교적 피은을 일연은 자기 시대의 혼란스러움과 대비하고 싶었다. 그런데 왜 신충과 단속사의 연관성을 따지는 일이 필요할까? 그것은 일연이 전하고자 한 '아름다운 삶'의 성취 여부가 거기에 달려 있기 때문이다.

앞서 전후반으로 나눠 소개한 신충의 이야기는 각각 출처가 다르다. 전반부는 알 수 없고, 후반부는 아마도《삼국사기》인 듯하다. 전반부는 향가인 〈원가〉를 중심으로 한다. 이 노래와 함께 신충의 존재를 알게 된 일연이《삼국사기》경덕왕 기록에서 다른 일로 그의 이름을 발견했을 때 자못 흥분했을 것 같다. 그것은 노래가 개입된 사건이 끝나고, 신충이 말년을 어떻게 보냈는지 보여 주기 때문이다. 그것은 호사보다 소박, 권력보다 명예를 찾는 아름다운 삶이었다.

옳거니, 피은 편에 넣기에 아주 제격인 사람이군…….

일연은 그렇게 쾌재를 불렀을 것 같다. 그런데 흥분하다 짐짓 한 글자를 잘못 읽는 실수를 저질렀다. 그 실수가 무엇인지《삼국사기》에 신충과 단속사가 나오는 대목을 살펴보자.

8월에 복사꽃, 오얏꽃이 다시 피었다. 상대등 신충, 시중 김옹이 물러났다. 대나마 이순이 왕의 총신이 되었는데, 갑자기 하루아침에 세상을 피해 산으로 들어가, 거듭 불러도 나오지 않고 머리를 깎고 중이 되었다. 왕을 위해 단속사를 창건하고 살았다.

《삼국사기》경덕왕 22년(763) 8월

여기서 "상대등 신충, 시중 김옹이 물러났다. 대나마 이순이 왕의 총신이 되었는데"를 일연이 "상대등 신충, 시중 김옹면, 대나마 이순이 왕의 총신이 되었는데"로 잘못 읽었으리라 추정한다. "시중 김옹이 면(免, 물러남)했다"를 '시중 김옹면'으로 읽은 것이다. 그래서 《삼국사기》에서는 대나마 이순이 단속사를 세웠다고 나오는데, 《삼국유사》에서는 신충과 두 벗(김옹면, 이순)이 세웠다고 나오는 것이다. 이 추정이 사실이라면 앞서 말했듯 낭패이다.

그런데 정녕 일연의 착각이고 실수일까?

일연은 같은 자리에 다른 기록을 하나 추가해 놓았다. 곧 경덕왕 7년에 이준, 또는 이순이 단속사를 세웠다고 적었다. 연도가 다르고 세운 이는 앞서 나온 이순과 같은 인물인지도 분명하지 않다. 그래서 뒷날 사실의 확인을 기대하며 둘 다 남겨 둔다는 말까지 덧붙였다. 사실 절의 창립자에 대한 설이 분분했을 것이다. 경덕왕 7년에 처음 짓고 그새 허물어져 신충이 경덕왕 22년에 와 다시 지었다는 말을 하고 싶어서였을 수도 있다.

특히 다음 두 가지 점을 상기해 보자.

첫째, 김옹(면)이나 이순이 신충의 벗인가? 시중인 김옹(면)은 그렇다 해도 이순의 직급인 대나마는 신라 17관등 가운데 10등이다. 상대등인 신충과 벗이 되기에는 한참 차이가 난다. 그런 사람을 굳이 '두 벗' 속에 묶으려 했을까?

둘째, 두 책의 위 문장 다음에 나오는 결말이다. 《삼국유사》는 신충이 절에서 왕의 복을 빌며 그 초상화까지 그려 놓았다고 했다. 신충은 정말 승려가 되었다. 이와 달리《삼국사기》는 이순이 왕이 지나치게 풍악을 즐긴다는 말을 듣자, 폭군 걸주의 예를 들면서 간곡히 설득하고, 따로 초청 받아 세상을 다스리는 도리를 설파하였다고 했다.《삼국사기》다운 유교적 신하의 충정이 잘 보인다. 어쨌든 두 책에 실린 이야기의 끝이 너무 다르다.

여기까지도 읽었을 일연이 문맥의 흐름을 놓쳤을 것 같지는 않다. 요컨대 일연이《삼국사기》를 오독하였다는 단정은 좀 이르다. 일연은 〈원가〉를 읽은 어느 자료처럼, 신충의 단속사 은거를 다른 자료를 통해 읽었을 수도 있다. 더 나아가《삼국사기》의 해당 기록이 완벽히 사실이라는 보장 또한 없다.

신충의 일은 일연으로부터 무려 600여 년 전에 일어났다. 부실한 기록과 지나치게 오래된 구전 사이에서 어떤 변이가 일어났는지 헤아리기란 참으로 어렵다. 다만 일연은 일정한 의도를 가지고 신충과 단속사를 이어 보고 싶었을 것이다. 그 의도란 피은 편에 맞는 아름다운 삶의 주인공 찾기였다.

## 바른 은거의 길

일연은 피은 편에 들어갈 적절한 인물을 찾고 있었다. 그때 신충이 나타났다. 이야깃거리도 풍부했다.

먼저 신충이 〈원가〉라는 노래를 지은 배경담은 그것대로 맥락이

닿았다. 노래 제목은 본문에서 '원이작가怨而作歌', 곧 원망하여 노래를 지었다는 데서 따왔다. 그런데 이는 단순한 원망이 아니다. 노래는 다음과 같다.

좋은 잣은
가을이 와도 쉬 지지 않는다네.
너 어찌 잊겠느냐,
우러르던 낯이 계셨는데.
달그림자는 옛 못에
흐르는 물결을 애처로워하는구나.
모습은 바라보지만
세상 모두 아쉽기만 할 뿐. (양주동 해석, 현대어 편역)

좋은 잣나무는 가을이 와도 제 모습을 간직하는 것처럼, 변함없는 사랑을 맹서했던 임으로부터 받은 언약은 삶의 기둥이었다. 그 얼굴을 바라보는 것만으로도 가슴 벅찬 일이었다. 그러나 같은 달빛이 비춰도 연못은 흘러가 옛 물결이 아니듯, 언약이 부질없음을 깨달았을 때 세상은 애처롭기만 하다.

노래를 잣나무 가지에 걸어 신이한 일이 벌어졌다는 배경담에 얽매이지 않으면 이처럼 순수한 서정의 노래가 없다. 그런데 이 노래 끝에 일연은 '후구망後句亡' 곧 후구는 없어졌다고 적었다.

향가 가운데 사뇌가라 불리는 가장 전형적인 노래의 형식은 열

줄이다. 열 줄은 내용상 4-4-2로 나뉜다. 마지막 두 줄이 노래의 맺음 같은 기능을 한다. 〈원가〉는 여덟 줄만 적힌 채 끝났다. 그러면서 뒷구절인 후구는 없어졌다고 했는데,《삼국유사》안에서 향가를 실으며 이렇듯 분명한 정보를 준 경우는 여기 한 군데뿐이다. 여덟 줄 향가도 있으니 이 같은 정보는 매우 중요하다. 일연이 후구가 없어진 확실한 정보를 가지고 있었다는 말이 된다.

마지막 두 줄은 어떤 내용이었을까? '원망하여 노래를 지었다'고 하나, 노래가 원망만을 표현했을 리는 없다. 원망의 어떤 승화가 이 두 줄을 통해 나타나지 않았을까? 이는 열 줄짜리 향가에서 흔히 나타나는 형식이다. 일연 또한 그렇게 생각했을 가능성이 크다. 그런 생각을 담아 일연은 마지막에 시를 붙인다.

세상 욕심 다하지 않았는데 귀밑털은 먼저 세고
임금 은총 많다 하나 한 생애가 바쁘구나.
저 편의 산굽이 꿈에 자주 어리니
죽을 때까지 향불 피워 우리 임 복 빌리.

이 시는 일연이 지은 칠언절구이다. 〈원가〉까지 지어 가며 세상 욕심 다 부려 본 뒤의 신충을 소재로 하였다.

3행의 '저 편의 산굽이'란 피안을 말하는 것이니, 죽음을 앞둔 신충에게는 어떤 욕심도 부질없다. 복을 비는 순한 마음밖에 달리 무엇이 있으랴. 그저 원망만 가득했던 〈원가〉의 앞 여덟 줄 다음에, 잃어버린 두 줄은 분명코 이러리라 일연은 단정한 것이다. 신충이 생애 마지막을 단속사에서 보낸 사실을 시 속에 넣으면서 말이다.

4행의 "우리 임 복 빌리"는 한자로 '축오황祝吳皇'인데 여기서 '오황'이라는 말을 보면 뜻은 더욱 분명하다. 대부분의 번역자가 이를 '우리 임금'이라 옮겼다. 신충의 단속사 시절을 떠올리면 당연하다. 그런데 2행에서는 임금을 군君이라 했는데 여기서는 황皇을 썼다. 왜일까?

앞에서는 이를 '우리 임'이라 번역했는데, 뜻은 '우리 부처님'으로 보았으면 한다. 벼슬을 놓고 절로 들어간 신충이 임금을 위해 복을 빌겠다고 했으니, 부처님에게 비는 것이 당연하다. 그렇다면 '축오황'은 '오황의 (복을) 빈다'가 아니라 '오황에게 (복을) 빈다'로 볼 수 있다. 좀 더 부연해 번역하면, "우리 부처님에게 **나라와 임금과 백성의 강녕을 빌리**"가 된다.

일연이 생각한 신충의 바른 은거는 이런 것이다. 권력과 함께 한 생애를 보낸 신충, 때를 알아 자리에서 물러난 신충은 서울에서 멀리 떨어진 깊은 지리산 골짝의 절에서, 부처님에게 왕과 나라를 위해 기도하며 살아간다. 그래서 일연은 그런 신충의 모습으로 〈원가〉의 잃어버린 두 구절을 자신의 시로 대신해 본 것은 아닐까?

저 편의 산굽이 꿈에 자주 어리니
죽을 때까지 향불 피워 우리 임 복 빌리.

앞의 〈원가〉를 읽고 이 두 줄을 이어서 보면 참 자연스럽게 어울린다.

## 13세기의 신충은 어떻게 되었나

복잡한 것 같지만 사실은 같은 이야기를 두고,《삼국유사》와《삼국사기》의 주인공이 둘로 나뉘었다. 현역에서 은퇴한 관료가 산을 찾아 절을 짓고 승려로서 살아간다. 줄거리는 이것이다. 그런데《삼국유사》는 주인공이 신충이고, 절에서 왕의 복을 빌며 승려가 되었다.《삼국사기》는 주인공이 이순이고, 지나치게 호락하는 왕에게 충언하러 잠시 세상으로 나온다. 저자와 책의 성격에 따라 같은 이야기가 다른 주제가 되었다.

12세기의 유교적《삼국사기》와 13세기의 불교적《삼국유사》가 달라지는 지점이다.

신충은 말년에 자신이 택할 최선의 길로 나아갔다. 그것이 목숨을 온전히 보장할 방법도 되었겠지만, 허망한 세상에서 보람 있게 생애를 마감하고 널리 남에게도 유익한 결과를 내는 이중의 효과도 노렸을 것이다. 일연이 시에서 신충의 삶을 불교적 심상으로 그려 낸 것도 이런 인식의 결과이다.

이런 신충과 비교되는 사람이 13세기의 정안이다. 일연을 세상으로 불러낸 그 사람, 피은을 꾀했으나 끝내 완전한 피은을 실행하지 못해 비극적인 최후를 맞이한 사람.

승려였던 최항은 아버지 최이의 뒤를 이어 권좌에 오르자 자기 세력을 공고히 할 목적으로 대대적인 숙청 작업을 벌인다. 이는 그 자신의 흉포한 성격과도 관련이 있다. 그는 의심이 많았고, 한번 의심이 가는 사람은 혹독히 다스렸다. 여기에 정안도 끼어든다.

정안의 생애를 더듬어 보면 혼란한 시대에서 그 시대의 운명을 받아들이며 살아간 전형적인 인물임을 알게 된다. 정안의 아버지 정숙첨은 공물로 올리는 물품의 독점권을 잡았고, 끊임없이 최씨 정권에 끈을 대어 드디어 중앙 정계로 진출한다. 이 같은 정숙첨의 집요한 노력에 비하면 정안은 재주를 가지고 있으면서도 오히려 현실 정치와는 적당한 거리를 유지하려 했다.

최이가 그의 재주를 아껴 벼슬을 주지만 권력을 전횡하는 그들의 말로를 예견했던지 정안은 낙향하고 만다. 그러나 어쩔 수 없이 맺어진 인연을 완전히 뿌리치지 못해 소극적으로나마 계속 협조하는데, 대장경 간행 사업에 큰 재산을 내놓은 일이나, 정림사를 창건하고 일연을 그곳의 주지로 초청한 것도 이런 일의 하나이다.

정안이 다시 정계로 불려 나간 것은 최항이 등장하고 나서였다. 앞서 밝힌 대로 부자가 모두 벼슬길에 나서는 것을 정안은 썩 마음 내켜 하지 않았다. 살얼음판 같은 상황에서 일연은 정안과 인연을 맺었다. 그들은 남해에서 만났고 그 만남은 단속사에 있던 최항에게 이어진다. 단속사는 정안, 최항, 그리고 일연을 만나게 한 운명적인 장소였다. 결국 최항에게 불려 나간 정안의 마지막은 유배와 죽음으로 끝났다.

　정안의 비극적인 생애를 일연은 어떻게 받아들였을까?

　지금 남아 있는 어떤 기록에도 일연은 정안의 생애를 직접 언급하지 않았다. 다만《삼국유사》에서 신충의 삶의 역정에 정안이 살다 간 흔적이 은연중 묻어 있음을 보게 된다.

　지천명의 나이에 접어들며 겪었던 정치적 소용돌이를 일연은 그의 만년에 신충의 일생을 그리며 떠올렸을 것이다. 그래서 신충과 정안을 과거와 현세에 놓고 삶의 곡절을 풀어 나갔다. 과거에 신충은 은거에 성공했으나, 13세기의 신충인 정안은 비극적으로 생을 마쳤다.

　삶의 결과란 누구도 뒤집을 수 없지만, 거기엔 늘 아쉬움과 안타까움이 따르기 마련이다.

# 눈물과 위안의 서사

## 나무에 묶인 자식, 구덩이에 묻히는 아이

시대의 비극은 부모와 자녀 사이의 천륜도 끊어 놓는다. '충'에 앞서는 유교 윤리의 덕목이 '효'이지만, 사회가 한번 혼란에 빠지자 자식의 부모에 대한 효는 물론, 자기를 희생하여 자식을 살리는 부모의 헌신 또한 사라진다. 극한 처지에 몰렸을 때 인륜과 도덕은 도리어 힘을 잃는다.

관자가 말하지 않았는가. 의식이 족한 후에야 예절을 안다고.

13세기는 인륜과 도덕을 저버리는 시대였다. 앞서 간단히 소개했던 다음과 같은 사례를 보자.

3월에 여러 도의 고을들이 난리를 겪어 피폐해졌다. 기본 세금 이외의 여러 세금을 면제하고, 산성과 섬에 들어갔던 여러 도의 고을 사람들을 모두 육지로 나오게 하였다. 그때에 공산성에 들어갔던 백성들은 굶주려 죽은 자가 매우 많아서 늙은이와 어린이가 길가에서 죽었다. 심지어는 아이를 나무에 붙잡아 매어 놓고 가는 자까지 있었다. 《고려사절요》 고종 42년(1255) 3월

전쟁과 피난의 와중에 자식을 버리는 비극적인 장면이다. 심지어 부모가 도망가면서 아이가 쫓아오지 못하게 나무에 매달았다는 이 처참의 극치.

1253년에는 몽골의 제4차 침입이, 1254년에는 제5차 침입이 있었다. 고려는 보호라는 명목 아래 백성을 섬과 산성으로 옮겨 살게 하였다. 문제는 옮겨 간 백성 또한 생존이 어렵기는 마찬가지였다는 것이다. 먹고 입을 아무 대책이 서 있지 않았다. 하는 수 없이 위의 인용처럼 피난민을 일단 육지로 나오게 했다. 자기가 살던 데로 돌려보내려는 것이다. 늙은이와 어린이의 피해가 특히 심각했지만, 이는 공산성만의 일이 아니었다.

가장 처연하기로는 앞서 나왔듯 아이를 나무에 매놓고 떠나 버린 부모이다. 아이는 피난길에 짐이었을 것이다. 함께 가다간 다 죽는다. 어른이라도 살아 보자고 아이를 버리고 도망하는 것이다. 참극의 극치지만, 드물지 않게 보이는 사례다.

참극은 지금도 다르지 않다. 서울 관악구 난곡동의 주사랑공동체 대표 이종락 목사와 베이비 박스 이야기는 잘 알려져 있다.

이 목사가 베이비 박스를 설치한 것은 2009년 12월이었다. 어쩔 수 없이 아이를 버려야 할 상황이 되면, 교회 담벼락에 붙은 작은 박

스를 열어 아이를 넣어 달라는 것이다. 2019년 연말에 10년간의 통계를 보니, 라면 박스 두 개를 포갠 크기의 상자에 두고 간 생명이 무려 1,515명이다. 이틀에 한 명꼴이었다.

처음에는 '부모가 아이를 버릴 마음을 쉽게 갖도록 조장'한다는 비판이 컸다. 보건복지부와 관악구청은 '형법상 유기죄에 해당'한다며 철거를 요구하기도 했다. 이런저런 사람들의 항의 전화가 빗발쳤다.

그러나 이 목사의 생각은 달랐다. 베이비 박스를 없앤다고 해서 아기를 버리는 부모가 사라지진 않는다는 것이다. 물론 설치했다고 해서 늘어나지도 않는다. 키울 수 있는 여건이 되는데 아이를 버리는 부모는 없다. 베이비 박스는 결국 엄마가 아이를 살리려 갖은 방법을 고민한 끝에 마지막으로 찾아가는 곳이다.

마지막으로 찾아가는 곳.

우리 사회에는 이런 장치도 필요하다. 10대의 미혼모가 부모나 교사에게 임신 사실을 들킬까 겁나 배를 꽁꽁 싸매고 다니다 화장실이나 친구 집에서 혼자 출산한다. 이런 일이 애초에 없어야 하지만, 막상 닥쳤을 때 그들에게 손을 내밀어 줄 곳이 하나쯤은 있어야 하지 않을까.

이 목사는 이보다 더 기막힌 사연도 전해 주었다. 산에서 애를 낳아 구덩이에 파묻어 버리려 했는데, 아기 울음소리에 마음을 바꿔 찾아오는 경우도 있단다.

구덩이에 파묻으려 한 아이.

21세기 대명천지에 있을 법한 일이라고는 도저히 상상할 수 없는, 그런데도 벌어지는 일을 두고 우리는 이것이 개인의 문제만은 아니라는 점을 심각하게 받아들여야 한다. 시대적 모순과 문제라는 선상에서 이 참극을 이해해야 한다.

## 땅을 파다 종을 얻은 손순

《삼국유사》의 손순과 돌종 이야기가 떠오른다.

뎅그렁거리는 서양의 종소리와 달리 우리는 우리 종의 유장한 울림을 좋아한다. 종이 한 번 울리고 그 울림이 이어지다 끝나는 동안, 우리는 그사이에 인생과 세상의 유상하고 무상한 모든 것을 헤아린다. 그 '여음'이 사실은 단순한 여음이 아니다. 우주의 운행을 깊이 생각해 보는 성찰의 시간이다. 그래서 여음이 길면 길수록 좋은 종이라 하지 않았나 싶다.

그 가운데서도 가장 기이하고 아름다운 종소리가 손순의 이야기에서 나온다. 신라 흥덕왕 때였다.

손순에게 어린아이가 있는데, 매번 어머니의 음식을 빼앗아 먹었다. 손순이 그것을 곤란하게 여겨 아내에게 "아이는 얻을 수 있으나 어머니는 다시 구하기 어려운데, 음식을 빼앗아 먹으니 어머니께서 굶주림이 얼마나 심하겠소! 아이를 묻고, 어머니의 배를 채웁시다"라고 하였다. 이에 아이를 등에 업고 멀리 산 깊은 곳으로 나가 구덩이를 팠다.

《삼국유사》 효선 편의 〈손순매아〉, 곧 '손순이 아이를 묻다'라는 제목의 이야기는 이렇게 시작한다. 아무리 어려운 형편이기로 제 아이를 죽여 어머니를 살린다는 충격적인 구도에 명해진다. 어쩜, 아이는 어려운 시기마다 이렇게 구덩이에 묻히는 존재란 말인가.

그런데 땅을 파던 부부는 돌로 된 종을 발견한다. 부부는 놀라고 괴이하여 숲의 나무 위에 걸어 놓고 그것을 쳐서 시험하였다. 그런데 정말로 은은한 소리가 나는 것이었다. 그 소리가 사랑스럽게 들리니 퍼뜩 아내의 뇌리를 스치는 생각이 있었다.

"기이한 물건이 나왔으니 아마도 아이의 복인가 합니다. 묻어선 안 되겠어요."

손순 또한 그렇게 생각하고, 이에 아이와 종을 지고 집으로 돌아왔다. 가는 걸음이나 오는 걸음이나 무겁기는 마찬가지였을 것이다. 하릴없이 돌종을 들보에 매달아 두드리니, 은은한 소리가 퍼져온 동네를 울리고 궁궐에까지 들렸다. 왕이 이를 들었다.

"서쪽 교외에서 들리는 종소리가 맑고 그윽하구나. 속히 조사해 보아라."

왕의 명을 받은 사람이 손순의 집을 찾아 조사하여, 자세한 사실을 왕에게 아뢰었다. 이에 왕은 손순의 효도를 하늘이 함께 살폈다 여기고, 집 한 채를 내리고 매년 메벼 50석씩 주어 그 순수한 효도를 드높였다. 손순은 아예 집을 내놓아 절을 만들어서 홍효사라 부르고 돌종을 모셨다.

손순의 이야기는 불교의 기적담처럼 들린다. 그러나 그 기적의 꺼풀을 벗기고 나면, 굶주림에 허덕이는 백성의 곤궁한 삶과, 거기에 베풀어진 사회적인 구원의 손길이 나온다.

그 매개체가 돌로 된 종이다.

아이를 묻어 버리려 땅을 파는데 종을 얻었다. 돌로 되었으니 그냥 종이 아니다. 그 종은 위기에 처한 자가 구원을 호소하는 장치이다.

곤궁한 처지는 언제나 생길 수 있다. 그러나 돌종이 있고 없고는 한 사회가 곤궁한 처지를 구원할 준비가 되어 있는지 없는지 가리는 중요한 증표이다. 일연이 살았던 13세기에는 없었고, 일연이 바라봤던 신라 시대에는 있었다. 일연은 신라의 돌종을 자신의 시대로 가져오고 싶었을 것이다.

## 눈물의 삼사삼권

어머니는 늘 눈물로 다가온다. 어머니로 인해 흘리는 눈물의 압권은 의상의 십대 제자 가운데 한 사람인 진정의 이야기에서 볼 수 있다. 《삼국유사》의 거의 끝부분에 나온다.

가난하고 평범했지만 진정은 출가할 뜻이 있었다. 문제는 홀로 남게 될 늙은 어머니였다. 진정은 부역하는 틈틈이 품을 팔아 곡식을 받아다 어머니를 모시고 있었다. 그런 어머니를 두고 떠날 수 없었던 진정은 어느 날 어머니에게 자신의 계획을 말하였다. '효도가 끝나고 나면' 출가하겠다는 것이었다. 어머니는 반대한다.

여기서 어머니와 아들 사이의 줄다리기는 팽팽하다. 본문에서 일연은 그것을 삼사삼권, 곧 "세 번 사양하자 세 번 권하였다"는 말로 요약하였다.

아들은 출가를 하되 어머니가 돌아가신 다음에 하겠다고 사양하였다. '효도가 끝나고 나면'이라는 말의 속뜻이다. 어머니는 "부처님의 법을 만나기는 어렵고 인생은 짧은데, 효도를 마친 다음이라니? 그건 너무 늦다. 내가 죽기 전에 네가 도를 듣고 깨우쳤다는 소식을 듣는 것만 못하구나. 머뭇거리지 말고 빨리 가거라" 하고 권하였다. 첫 번째 사양과 권유이다.

아들은 다시 사양하였다. 어머니가 많이 늙어 옆에서 지켜야 하니, 이 일을 놓고 출가란 도리에 맞지 않는다고 말하였다. 여기서 어머니는 다시 권하였다.

"아니다. 나를 위한다고 출가를 못 하다니. 그건 나를 지옥 구덩이에 빠뜨리는 일이야. 비록 살아서 삼뢰칠정(三牢七鼎, 진수성찬)으로 나를 모신들 어찌 효도라 하겠느냐? 나는 남의 집 문 앞에서 옷과 밥을 빌어도 천수를 누릴 수 있다. 정말 내게 효도를 하려거든 그런 말은 하지 마라." 《삼국유사》 효선, 〈진정사 효선쌍미〉에서

두 번째 사양과 권유이다. 삼뢰칠정의 삼뢰는 소, 양, 돼지고기이다. 칠정은 일곱 개의 솥에다 각각 음식을 만들어 신에게 바치는 것

이다. 그러므로 이 둘을 합치면 그지없는 진수성찬이다. 하지만 이런 진수성찬도 효도의 본질은 아니라는 것이다.

어머니의 이 말에서 불교적 인식이 바탕이 된 특이한 효도관을 보게 된다. 아들은 전형적인 사람의 도리로 사양하였다. 그러나 이에 대해 어머니는 진정한 효도의 의미를 다르게 정의하며 설득하였다. 아들의 선의가 있더라도 출가가 늦어지면 도리어 어머니를 지옥 구덩이에 빠뜨리는 결과를 초래한다는 것이다. 이승의 호사는 중요하지 않다. 봉양이 효행의 한 형식이기는 하나, 그보다는 출가가 효행의 궁극임을 설파하는 것이다.

가난하고 평범한 어머니로되 그렇게 더 높은 곳으로 나아갈 지점이 있음을 어머니는 알았다. 불교는 어느새 이렇듯 평범한 사람들의 생활 속에도 깊이 녹아들어 있었다.

그런데도 아들은 머뭇거린다. 침통한 생각으로 머리를 떨구었다. 어머니의 두 번째 강권에도 진정은 거역하는 몸짓으로 세 번째 사양한다. 이제 이런 아들을 두고 마지막으로 다시 권하는 어머니의 행동은 이 이야기의 절정이다.

어머니는 벌떡 일어나더니, 쌀독을 뒤집어 쌀 일곱 되를 털어 내 그 자리에서 밥을 짓고는 말했다.

"네가 밥 지어 먹으면서 가느라 늦어질까 오히려 두렵다. 내 보는 앞에서 그 가운데 하나를 먹고, 나머지 여섯 개를 싸서 서둘러 가거라."

어머니의 세 번째 권유는 말이 아니라 행동이었다. 이만큼 결연한 행동은 확고한 신념이 있어야 나오는 것이다. 그 뒤 출가한 진정이 의상의 문하에 들어 수행의 모범을 보인 뒷이야기는 사족에 지나지 않는다. 이미 자식에게 출가를 권하는 어머니의 말과 행동에서 이야기에서 보여 줄 고갱이는 다 나왔다.

이것이 '눈물의 삼사삼권'이다. 눈물을 삼키는 이는 진정과 어머니만이 아니다. 세 번을 사양하고 세 번을 권하는 이야기를 쓰는 일연의 눈물이고, 또한 이 이야기를 읽는 우리의 눈물이다. 그리고 이야기가 주는 눈물과 고통은 위안이 된다. 뜻밖에도 비슷한 이야기를 시인 윤동주에게서 찾아볼 수 있다.


## 눈물과 위안으로 잡는 악수

서울에서 대학을 졸업한 윤동주는 도쿄의 릿교 대학에 입학하여 유학 생활을 시작한다. 미국과 일본 사이에 태평양 전쟁이 터지던 1942년 4월이었다.

도쿄에서 한 학기를 마칠 즈음, 윤동주는 시 5편을 써서 서울에 있는 친구에게 보냈다. 릿교 대학의 로고가 선명히 새겨진 편지지에 세로로 쓴 시였다. 그리고 이 시들은 윤동주가 이 세상에 남긴 마지막 작품이 되고 말았다.

그 다섯 편의 시 가운데 하나가 〈쉽게 씌어진 시〉이다. 단언컨대,

이 시는 윤동주의 생애와 시 세계를 가장 함축적으로 나타내 주는 최고의 작품이다. 이 시의 절정은 아무래도 9연과 10연이다.

등불을 밝혀 어둠을 조금 내몰고
시대처럼 올 아침을 기다리는 최후의 나.

나는 나에게 작은 손을 내밀어
눈물과 위안으로 잡는 최초의 악수.

깊은 밤에 깨어 있는 시인은 어둠의 시대에 살고 있는 최후의 인간이다. 그 어둠을 조금밖에 내몰지 못하는 여린 사람이다. 그런데도 그는 끝끝내 참으며 시대의 새로운 아침을 기다리고 있다. 그러자면 나에게 힘을 주어야 한다. 눈물과 위안을 통해서 말이다. 눈물과 위안으로 작은 손을 내밀어 나는 나에게 악수를 청한다. 그 악수는 새로운 시대에서 청하는 최초의 행동이다.

최후와 최초의 가운데에 시인은 서 있다. 어둠의 최후와 아침의 최초를 시인은 지켜보고자 다짐한다.

시인으로서 윤동주는 시대와 역사의 책임을 감당하려 하였다. 위대한 다른 혁명가에 견주면 그것은 보잘것없을지 모른다. 다만 귀하다. 이 작은 악수가 시대의 아침을 가져올 것이고, 그 아침이 오는 것을 잠들지 않고 목격하게 할 것이다.

윤동주, 그에게는 그만한 결의가 있었다. 이것은 경우에 따라 제

목숨을 내놓아야 할지 모른다는 각오이기도 하였다.

이 시가 씌어진 6월 3일 즈음이면 도쿄에서는 장마가 시작된다. 그것은 윤동주에게 인생의 장마였다. 고향 용정과 평양의 숭실 중학교 시절, 그리고 서울에서 연희 전문학교 시절을 지내고 도쿄에 왔을 때 그의 나이는 만 스물넷, 그때까지는 그다지 절망스러운 시련을 겪은 바 없었다. 그 나름대로 아름답고 희망에 찬 시절이었다. 그의 역경은 이제 시작이다. 1년 반의 유학 시절은 독립운동의 죄명 아래 체포되면서 끝이 났고, 다시 1년 반의 형무소 생활 끝에 윤동주는 삶을 마감한다.

그 비극의 처음을 나는 이 시 〈쉽게 씌어진 시〉에서 찾는다. 윤동주의 독립운동과 옥사에 대해 그다지 큰 의미를 부여하지 않으려는 이들이 있지만, 일제가 파악한 죄질의 무겁고 가벼움을 떠나, 이미 스스로는 죽음을 각오하고 그 길로 걸어들어 갔음을 우리는 결코 놓쳐서는 안 된다.

눈물과 위안.

윤동주가 식민 시대의 격랑을 헤쳐나간 유일한 식량이었다. 오래 전 몽골 전쟁의 한복판을 살아간 일연이 그러했듯이.

# 왜곡된 여자의 일생

## 흔하지 않기에 가치 있는

가족의 기본은 부부이다. 부부 관계를 유독 중요하게 여기는 것은 바로 그 기본 때문이다. 부부는 가족의 밑돌이다.

그런데 부부 사이는 0촌이다. 없거나 있거나 둘 가운데 하나이다. 같이 있을 때는 더없이 가깝지만 헤어지면 바로 남이다. 13세기 같은 혼란한 사회에서 부부의 삶은 악의적으로 왜곡되었다. '헤어지면 바로 남'이 이용되었다. 왜곡의 희생자는 여성이었다.

먼저 여성은 공녀와 같은 정치적인 희생양이 되었다. 몽골군에게 공녀로 끌려간 수효를 헤아리기 어려웠다. 전쟁 때문에 부모와 남편을 잃고 홀로된 처지 또한 많았다. 생활 기반이 사라진 여성은 자식을 책임질 수 없었다. 거기서 고아가 넘쳐 났다.

여성의 피해는 구조적인 문제에서 출발하였다. 고려 시대에 부부 간 이혼이 흔한 일처럼 말하나, 천륜을 쉽게 깨지는 못했고 그렇게 자주 벌어진 일도 아니었다. 그런데 13세기 혼란한 시기에는 그 사회상을 반영하듯 뜻밖의 이혼 사례가 눈에 띈다.

○ 왕규는 평장사 이지무의 딸에게 장가들었다. 그런데 지무의 아들 세연이 김보당의 매부라는 이유로 김보당의 난에 죽었으므로, 이의방은 왕규도 함께 해치고자 하여 그를 수색하였다. 규는 정중부의 집에 숨어 화를 면하였다. 이때 과부가 된 중부의 딸이 규를 보고는 좋아하여 간통하였다. 규는 마침내 옛 아내를 버렸다. 《고려사》 〈열전〉 제14, 왕규

○ 나유는 음직으로 경선점록사가 되었다. 임연이 사사로운 원한으로 유의 장인 조문주를 죽이고, 유에게 이혼하도록 위협하였으나 유는 의리를 들어 거절하였다. ……이때 조정의 아내들 가운데 적의 수중에 떨어진 사람들이 많았으므로 보통 다시 처를 얻었다. 적을 평정한 뒤 혹 돌아온 아내들도 있었으나 모두 내쳤다. 나유 역시 이미 새 아내를 맞았으나, 먼저 적진으로 쳐들어가 옛 아내를 찾아와서 다시 전처럼 부부생활을 하니, 듣는 사람들이 그를 의롭게 여겼다. 《고려사》 〈열전〉 제17, 나유

첫 번째 이야기는 무신난이 막 터진 12세기 말의 기록이다.

정중부, 김보당, 이의방은 무신난 초기의 주요 권력자이다. 거기에 왕규가 끼어들어 화를 입는 장면인데, 당대 최고의 실력자였던 정중부의 힘에 의지하여 목숨을 건진 그는 결국 본처를 버리고 정

중부의 딸과 살았다는 것이다. 물론 정중부의 딸이 유혹했기 때문이지만, 한편으로 본처와 살아서는 자신에게 화가 미칠 것을 염려한 왕규의 선택이기도 했다. 남자들 사이의 싸움이 고스란히 여자의 희생으로 번진 경우이다.

그에 비해 두 번째 이야기의 나유는 왕규와 정반대되는 태도를 보여 준다. 임연은 최씨 무신 정권을 무너뜨린 다음 김준에 이어 원종 때 권력을 잡은 사람이다. 그런 실력자가 이혼하라는 요구에도 나유는 의연히 대처하고 있다. 중하급 관리인 처지에 거절하기란 쉽지 않았을 것이다. 그러나 나유는 제 잇속을 챙기고자 본처와 이혼한 왕규와는 달리 행동했다. 심지어 적진에 빠진 아내를 끝내 구해 와 다시 부부 생활을 했다는 데서 더욱 칭찬을 받는다. 삼별초가 강화도에서 반란을 일으켜 관리의 가족을 다수 납치해 갔는데, '적의 수중에 떨어진 사람들'이라 함은 이를 가리킨다. 나유는 아내를 구출해 와 다시 함께 살았다.

첫 번째 왕규의 이야기는 당시 일반적인 상황을, 두 번째 나유의 이야기는 특이한 상황을 보여 준다고 해야 할 것 같다.

'죽음이냐, 이혼이냐?'를 선택하라면 어느 쪽이 더 쉬울까. 대답하기란 간단하다. 왕규는 쉬운 쪽을 택했고, 나유는 어려운 쪽을 택했다. 왕규는 일반적인 경우이고, 나유는 특별한 경우이다. 어렵고 특별한 경우가 흔할 리 없다. 흔하지 않기에 소중하고, 반드시 기록으로 남길 가치가 있다.

가치 있는 일이라 하여 누구나 다 그렇게 행동할 수 없는 것이 현실이다. 그리고 의지와 행동을 일치시키지 못하는 상황에서 나타나는 것이 비극적 세계관이다. 13세기는 그런 비극적인 세계관이 현실을 지배하고 있었다.

## 바른 부부, 김현과 호랑이 처녀

《삼국유사》의 〈김현감호〉, 곧 '김현과 호랑이 처녀'는 진정한 사랑과 부부간의 포용이 무엇인지 보여 주는 이야기이다.

흥륜사의 법당과 탑을 돌며 복을 비는 모임에서 만난 김현과 처녀는 서로 눈이 맞는다. 바로 정을 통하며 부부에 버금가는 인연을 맺었다. 그러나 처녀의 본모습은 산중에 사는 호랑이였다. 인연은 거기서 끝이어야 했다. 김현이 굳이 처녀의 집까지 따라가지 않았다면 불행한 일은 벌어지지 않았을 것이다.

호랑이 처녀에게는 오빠 호랑이가 셋 있는데, 사람을 해치며 나쁜 일을 많이 저질러 하늘의 징벌을 받게 되었다. 처녀의 집에 간 김현은 이 와중에 휘말리게 된다. 사태가 험악해진 것을 안 호랑이 처녀는 자신을 희생하기로 결심한다. 오빠들 대신 하늘의 벌을 받겠다고 나선 것이다. 사태가 진정되고, 오빠 호랑이가 도망가자 처녀는 김현에게 말한다.

"처음에 저는 그대가 제 족속들과 부딪혀 당할 곤욕을 부끄러워하였기에 한사코 막았습니다. 이제 위태로움은 사라졌으니 감히 마음을 털어놓습니다. 천한 계집이 낭군에게야 비록 사람과 짐승으로 나뉘겠지만, 하루 저녁 짝이 되어 즐거움을 누렸습니다. 뜻 깊이 맺은 부부의 인연만큼이나 소중하지요. 그러나 세 오빠의 나쁜 짓은 이미 하늘이 미워합니다. 일가에게 닥칠 재앙을 제가 감당하려 하는데 다른 사람에게 죽느니 낭군의 칼끝에 엎어진다면, 그것으로 은덕을 갚는 것이겠지요."

《삼국유사》 감통, 〈김현감호〉에서

이게 무슨 말인가. 기왕 죽을 목숨이니 사랑하는 이의 손을 빌려 죽겠다고 하는데, 김현으로서는 이해할 수 없었다.

처녀는 저잣거리에 들어가 처참한 행패를 부리겠다고 했다. 하지만 어느 누구도 어떻게 하지 못할 것이고, 그러면 왕이 반드시 높은 벼슬을 걸고 호랑이를 잡으라 할 터이니 그때 겁먹지 말고 자신을 따라와 죽이라 했다. 그래서 포악한 호랑이를 잡는 공을 세워 벼슬을 받으라는 것이었다.

그러나 김현 또한 그렇게 염치없는 사람이 아니었다. 사람과 짐승으로 만나 인연을 맺었으니 매우 특별하다 여겼다. 차마 배필로 맞은 이의 주검을 팔아 한세상 벼슬이나 얻을 사람이 아니었다. 하지만 처녀의 마음은 이미 굳었다.

"이제 저의 목숨은 천명을 누렸고 또한 저의 소원입니다. 낭군에게는 경사스런 일이요, 우리 족속에게는 복이며, 나라 사람들에게는 기쁨입니다. 한 번 죽어 다섯 가지 복이 갖춰지니 거스를 수 있겠어요? 다만 저를 위해 절을 짓고 경전을 읽어 좋은 업보로 삼아 주신다면, 낭군의 은혜, 이보다 더 큰 것이 없겠나이다."

호랑이 처녀의 마음은 확고했다. 자신을 희생하여 위기에 처한 김현을 구하고 오빠들의 징벌을 면하게 한다. 하나의 희생이 여러 가지 이득을 가져오는 것을 오히려 경사와 복, 그리고 기쁨으로 여길 정도였다.

일연은 이 이야기에서 처녀의 이 같은 정신을 무엇보다 높이 샀다. 앞서 왕규가 보여 준 이기적인 행동과는 반대이고, 나유가 보여 준 이타적인 행동에 더 가깝다.

그리고 김현 또한 사랑하는 이의 죽음으로 자신이 얻을 행운을 부끄럽게 여긴다. 두 사람은 이미 부부의 지고지순한 경지에 이른 것이다. 그 뒤에 일연이 내린 평가가 이어지는데, 다음과 같은 대목에 주목할 필요가 있다.

호랑이는 어쩔 수 없이 사람들을 해쳤으나, 좋은 처방으로 잘 이끌어 주어서 그 사람들을 치료했다. 짐승이라도 인자한 마음 씀이 저와 같으니 이제 사람이면서 짐승만 못한 이들은 어찌하리.

일연은 '짐승이라도 인자한 마음 씀'을 소개한다. 그리고 앞서 호랑이가 사람을 해친 후 그 치료법을 김현에게 가르쳐 주는 대목이 나오는데, 여기서 '좋은 처방'이란 이를 말하는 것이다.

다음에는 '사람이면서 짐승만 못한 이들'을 나무란다. 그것은 곧 피폐한 자신의 시대를 향해 던지는 메시지이기도 하다. 짐승만도 못한 사람이 넘치는 시대에, 그저 옛날이야기로 전해 오는 재미 속에, 일연은 단순한 재미만이 아닌 사람의 바른길을 전해 주고 싶었던 것이다.

무엇이 진정한 삶의 기준인지 우리는 잘 모른다. 기준은 시대에 따라 변하고, 시대에 적응하며 따라가고, 시대를 만들어 내기 위해 전위적인 실험을 한다. 우리는 다만 오늘날 우리의 관점에서 과거를 재단하고 있을 뿐이다.

고려 시대 여자의 일생을 생각해 보자. 13세기를 정점으로 고려 여성의 삶은 조선 시대에 비해 자유분방했다고 요약할 수 있지만, 다른 한편 불안한 삶의 연속이기도 했다. 무슨 말인가? 거기에는 역설과 반전이 있다.

결혼을 하고서도 친정과 일정한 관계를 맺고 있었던 여성은 그 자체로 자신을 지킬 수 있었다. 그러나 사별이나 이혼처럼 결혼 생활을 파하고 제 집으로 가야 했을 때, 경우에 따라 막막한 처지가 된다. 돌아갈 친정이 있다면 모르되, 그렇지 못한 경우 여성은 실제 사창가나 유랑의 길로 들어서기도 했다. 이것은 불안한 삶이다.

고려가 망한 뒤 새로운 이념을 가지고 새로운 사회를 만들고자 했던 조선의 정권 담당자에게, 그것은 뭔가 바꾸지 않으면 안 되는,

여자에게 매우 불합리한 제도로 보였다. 그래서 한번 시집 온 여자는 죽을 때까지 시댁이 책임을 지도록 제도를 바꾸었다. 그것이 새 나라 조선의 '합리'였다.

그러나 오랜 시간이 지나 조선 중기를 넘어서자, 이념의 고착화가 여성의 삶을 형편없이 왜곡시켜 버린다. 고려 시대보다도 오히려 못한 상황이 되어 버렸다. 하지만 그렇더라도, 당초 주자학적 합리주의로 무장한 조선의 혁명가들에게 처음 그 제도는 신성한 개혁이었다. 그래서 역설과 반전이 있다는 것이다.

우리는 우리가 사는 시대와 닮은 쪽에 손을 들어 준다. 고려 시대 여자의 일생은 오늘날 우리를 보는 것 같고, 어쩌면 그런 면에서 꽤 매력적으로 보인다. 그래서 고려 사회가 건강하고 발랄했다고 말하지만, 그것은 앞서 말했듯, 우리의 관점에서 과거를 재단하는 일일 뿐이다. 고려 사회 또한 고통과 질곡을 함께 가지고 있기 때문이다.

다만 그 질곡 속에서도, 김현과 호랑이 처녀처럼 사람의 '바른길'을 지킨 이들의 이야기가 있어 위안이 되어 줄 뿐이다.

# 삼국유사 서문의 상상력

## 서문, 도전과 상상의 다른 표현

일연의 생애가 끝나도록 《삼국유사》는 간행되지 않았던 것으로 보인다. 그는 평생 이 책을 옆구리에 낀 채 고치고 또 고쳤다. 그만큼 필생의 공을 들였음에 틀림없다. 그러나 거듭된 수정에는 또 다른 까닭이 있었다.

실로 《삼국유사》를 쓰는 일연의 노심초사는 이만저만이 아니었다. 첫머리에 단군 신화를 실어야 하는 데서 벌써 발목이 붙잡혔다. 하늘에서 신인이 내려오고, 동물이 사람으로 변하고, 거기서 아이가 태어나 나라를 세운다……. 이런 이야기는 왠지 께름칙했다.

만년의 일연은 국사 신분이었다. 한 나라 최고의 정신적인 지도자이다. 그런 자리에 있는 사람이 어찌 '귀신 씻나락 까먹는 소리'나 한단 말인가. 얼토당토않다.

완고한 유학자나 심지어 주변 승려에게조차 손가락질 받을 일이었다. 더 나아가 자칫 외교적인 문제를 일으킬 수도 있었다. 단군 신화를 비롯한 여러 건국 신화는 자칫 원나라 정부를 자극할지도 모른다. 우리에게 우리의 뿌리가 있다는 말은 원나라에 도전이나 마찬가지였기 때문이다.

그래서 일연은 단군을 말하기 전에 다음과 같이 시작하는 서문을 썼다. 《삼국유사》에 이런 서문이 붙어 있다는 사실을 모르는 이가 많다.

> 옛 성스러운 왕이 예악을 가지고 나라를 일으키거나, 인의를 가지고 가르침을 베풀고자 할 때면 괴이한 힘이나 자차분한 귀신 이야기는 하지 않았다.
>
> 《삼국유사》〈기이〉, 서문

뜻밖에 승려의 입에서 대표적인 유교 경전의 한 구절이 먼저 튀어나왔다. 공자가 그토록 중요하게 여긴 '인의'와 '예악'이다. '성스러운 왕'이란 삼황오제 같은 중국의 창업주를 가리킨다. 그들로부터 시작한 인의예악이라는 가르침은 공자에게 와서 자리 잡지 않았는가. 일연은 그것을 충분히 인정하면서, 적이 조심스러운 태도로 자신 또한 점잖은 격을 중요하게 여기는 사람이라 밝힌다.

여기서 '자차분한 귀신 이야기'라 번역한 부분의 원문은 '괴력난신怪力亂神'이다. 괴이한 힘과 난잡한 신, 한마디로 '귀신 씻나락 까먹는 소리'다. 공자가 일찍이 자신은 입에 올리지 않는다고 세상에 밝혔던 그 괴력난신이다. 일연 또한 그런 말이 있음을 알고 있다는 태도이다. 이런 전제 다음에 일연의 노심초사가 나온다.

지금부터 자신이 쓰려는 기록이 한낱 심심풀이가 아니라는 사실, 정도에서 벗어난 귀신 씻나라 까먹는 소리 같은 허튼 장난이 아니라는 사실, 그래서 겉이 아니라 깊은 이해심으로 속을 알아 달라는 간절한 호소.

서문을 붙인 까닭이 그렇다면, 인의예악의 정신으로 괴력난신을 말하지 않으면 그만이다. 그러나 거기에 말을 꺼낸 목적이 있지는 않다. 본심은 이제부터 드러난다.

제왕이 일어나려 할 때에는 부명(符命, 하늘이 내리는 상서로운 징조)에 맞는다든지 도록을 받는다든지, 반드시 남과는 다른 것이 나타난 다음에 큰 변화를 타고 큰 틀을 잡아 나라를 일으킨다.

일연은 이렇게 말을 이었다. 성스러운 왕이 받았다는 부명이니 도록 같은 것이 있다. 그런 것들은 인의예악, 곧 '이성'으로는 설명되지 않는 큰 변화와 큰 틀, 그리고 신령스럽게 움직이는 어떤 힘이나 기제들을 상징한다. 실은 모두 만들어 낸 것이지만, 그런 것이 사람의 마음을 모은다. 오늘날 우리가 신화라고 부르는, '도전적' 상상력의 다른 표현이다.

잘 알아듣지 못할까 봐 일연은 중국의 사례를 충실히 들어 둔다. 무지개가 신모를 둘러싸기에 이르러 복희를 탄생시켰고, 용이 여등을 감응시켜 올라가 염제를 낳았으며, 황아가 뽕나무 가득한 들판에서 노닐다 신동과 통하여 소호를 낳았다…….

이렇게 삼황오제와 삼대를 세운 제왕 등, 중국 고대사의 '두 사건과 일곱 인물'을 일연은 차례차례 소개해 나간다. 이들이 바로 '성스러운 왕'이다. 그 가운데서도 복희씨나 염제 신농씨는 중국을 만든 대표적인 신이다. 그런 그들의 어머니가 무지개나 용과 만나 자식을 낳았다니, 인의예악의 본고장이라는 중국도 정작 이런 기이한 이야기로 창조와 건국을 풀어내고 있다.

그러니 이는 결코 괴이한 일이 아니라고, 그런 말을 하는 것이 격을 떨어뜨리는 일이 아니라고, 일연은 조심스럽지만 단호하게 선언한다. 그리고 재빨리 자신의 속내를 드러낸다.

이런 까닭에 삼국의 시조가 모두 신이한 데서 출발한다는 것이
어찌 괴이한 일이랴.

여기서 삼국은 신라, 백제, 고구려이면서 동시에 고조선 이래 우리의 고대를 모두 일컫는 말이다. 일어나고 사라진 나라가 숱하거니와, 그런 나라의 건국 신화가 중국에서 하등 괴이하지 않듯이, 우리의 이야기 또한 얼마든지 받아들일 만하다는 것이다. 일연의 도전적 상상력이란 이를 두고 하는 말이다.

그렇게 우리의 길, 우리의 민족이 있다.

# 다시 마르코 폴로 이야기 🌿

일연과 같은 시대, 몽골을 가운데 두고 저 건너편에 마르코 폴로가 있다. 폴로와 몽골 이야기를 다시 이어가 보자. 폴로는 쿠빌라이 카안을 대단히 경외했다. 《동방견문록》의 한 대목을 보자.

> 다른 어느 누구보다도 위대하고 강력한 쿠빌라이 카안임을 알아야 할 것이다. 다른 다섯을 다 합해 놓아도 이 쿠빌라이만큼 강력하지는 않을 것이다. 무엇보다도 놀라운 사실은 지상의 어떤 황제나 기독교도, 사라센의 어떤 왕도 이 쿠빌라이 대카안처럼 그렇게 막강한 힘이 있는 사람이 없을 뿐 아니라, 그처럼 마음대로 할 수 있는 사람도 없다는 것이다. 그리고 이 점에 대해서는 내가 이 책에서 아주 분명히 보여 주겠다.

'다른 다섯'이란 칭기즈 칸부터 시작하여 쿠빌라이 카안 전까지 몽골 황제를 이른다. 이 다섯 몽골 황제를 다 합쳐도 쿠빌라이 하나만큼도 안 된다. 이만한 찬사가 또 있을까?

《동방견문록》의 본디 제목이 '세계의 서술'이라 했는데, 여기서 세계는 곧 몽골이고 그 가운데서도 쿠빌라이가 다스리던 때를 이른다. 당대의 세계였고, 인류 역사상 가장 크고 가장 강력했던 세계였다. 마르코 폴로는 그런 세계의 손님으로 가서 그런 세계를 가장 충실히 기록하여 남긴 사람이다. 그리고 그 기록이 이후의 세계를 바꾸었다.

사실 마르코 폴로가 쿠빌라이와 만날 수 있었던 것은 그의 아버지 니콜로 폴로 덕이었다. 폴로가 아버지 없이 베니스에서 자라는 동안, 아버지와 삼촌 두 사람은 장사하러 돌아다니다가 몽골 사신을 만났다. 그리고 그들의 소개로 "북쪽과 동북쪽 방향으로 1년간을 걸어간 끝에" 쿠빌라이가 있는 곳에 도착하였다. 쿠빌라이는 이들을 환대하였고, 로마의 교황에게 국서를 전달하라고 명령하였다. 1269년 4월의 일이었다,

　　이런 인연을 맺은 6년 뒤, 사신의 임무를 무사히 수행하고 몽골로 돌아온 두 형제는 쿠빌라이의 조정에 머물며 극진한 대접을 받았다. 거기에 니콜로 폴로의 아들 마르코 폴로가 동행했던 것이다.

　　마르코 폴로는 타타르인의 풍속과 언어를 빠르게 익혔고, 무려 네 가지의 언어를 알아듣고 자유롭게 읽었다. 쿠빌라이는 이런 폴로의 총명함을 알아챘다. 그래서 그를 6개월 이상 걸리는 곳에 사신으로 보냈다.

　　폴로는 쿠빌라이의 임무를 현명하게 수행해 냈다. 쿠빌라이는 세계 각지로 파견된 여러 사신들이 조정으로 돌아와 앵무새처럼 보고하는 것을 못마땅하게 여겼다. 폴로는 쿠빌라이의 의중을 파악했다. 그래서 임무 외에도 그 지역의 기이한 상황과 관심 있게 보고 들은 이야기로 쿠빌라이를 매료시켰다. 쿠빌라이는 물론 그의 이야기를 들은 모든 사람은 마르코 폴로가 큰 인물이 될 것이라고 말했다. 이때부터 사람들은 그를 마르코 폴로 선생이라 불렀다.

　　마르코 폴로가 중국에서 보낸 세월이 17년이었다. 그는 누구보다

여러 지역의 상황을 잘 알게 되었다.《동방견문록》은 그래서 나올 수 있었다. 그러나 세상은 다음과 같은 대목의 '호화스러운 과장'에 만 눈길이 머문다.

또 한 가지 놀라운 것은 이 섬 군주의 궁궐이다. 그는 온통 순금으로 뒤덮인 멋진 궁전을 갖고 있는데, 우리가 집이나 교회를 납판으로 덮듯이 금으로 씌워 놓았다. 그것이 얼마나 값비쌀지는 말로 다하기 힘들 정도이다. 또한 그의 궁실에 있는 보도들 역시 모두 순금으로 되어 있고 두께는 두 손가락 정도나 된다. 궁궐의 모든 곳들과 접견실과 창문들 역시 금으로 장식되어 있다.

일본에 대해 쓴 것이다. 그래서 허풍이 심하다고 말한다. "궁궐의 모든 장식이 금인 이곳을 쳐서 빼앗아 오자." 마르코 폴로의 '허풍'은 사람들 사이에 파고들어 이렇게 변주되었다고 한다.

어느 정도 그런 소지가 있다. 그러나 마르코 폴로의 관찰과 묘사가 중국과 세계를 지배하는 몽골인의 지혜에 바쳐졌다는 사실을 알아야 한다. 이런 대목을 보자.

여러분에게 그들의 한 가지 또 다른 좋은 관습을 말해 주겠다. 여인숙을 경영하여 여행자를 재우는 사람은 누구든 자기 여인숙에 들어오는 사람들의 이름과 투숙한 월일을 기록한다. 그렇게 함으로써 카안은 1년 내내 전국적으로 누가 오고가는지를 알 수 있으니, 정말로 현명한 사람들에게 어울리는 관습이다.

'정말로 현명한 사람'이라는 마르코 폴로의 칭찬이 아깝지 않다. 제국의 인구가 어떻게 움직이는지 파악하는 아주 간단한 방법, 그러나 아주 잘 훈련된 모습이 눈에 그려진다. 폴로는 이런 체계의 장점을 잘 파악하였다.

진정 마르코 폴로가 자기네 고향 사람에게 들려주고 싶은 이야기는 이런 것이었다. 그것이야말로 중세를 끝내고 새로운 세계로 나가는 '도전적' 상상력이었다.

《동방견문록》 첫 대목에는 폴로의 도전적 상상력을 설명하기에 좋은 대목이 있다. 폴로가 여행을 떠난 지 얼마 안 되어, 중동의 바우닥이라는 곳에 이르렀다.

이슬람 지역인 바우닥의 통치자 칼리프에게는 눈엣가시가 있었다. 자기 지역 안의 기독교인 마을이다. 칼리프는 어떻게든 그들을 곤경에 빠뜨리고 쫓아내려 하였다. 그러다가 우연히 기독교의 복음서에 나오는 '만약 하나의 겨자씨만 한 믿음이라도 가졌다면 그는 두 산을 합칠 수 있을 것'이라는 대목을 보았다. 이는 마태복음에 나오는 예수의 가르침 가운데, "만일 너희에게 믿음이 겨자씨 한 알만큼만 있어도 이 산을 명하여 여기서 저기로 옮겨지라 하면 옮겨질 것이요"라는 대목이 조금 변형된 모습이다.

어쨌건 칼리프는 무릎을 치며 기독교인 마을로 갔다.

"내가 너희에게 하나의 선택을 제시하겠노라. 너희 기독교인이 그렇게 많으니 너희 가운데 한 사람 정도는 작은 믿음이라도 갖고 있는 사람이 있어야 하리라. 저기 보이는 저 산을 너희가 말하는 하나님의 힘으로 옮겨 놓아라. 그러지 않으면 나는 너희 모두를 잔혹한 죽음으로 처벌할 것이다."

너희의 믿음으로 너희의 하나님 힘을 빌려 산을 움직여라.

칼리프는 회심의 미소를 띠며 이런 명령을 내렸다. 시간은 열흘을 주었다. 기독교인 마을은 커다란 분노와 죽음의 두려움에 사로잡혔다. 하나님을 시험하려 한다는 데 분노했을 것이고, 한다면 할 터이나, 실제 산을 움직여 본 적이 없기에 두려웠을 것이다. 그때 마을의 주교에게 천사가 나타나 눈이 하나밖에 없는 구두장이를 찾으라고 하였다. 그는 순수한 사람이며, 성스러운 생활이 어디에서도 찾아볼 수 없을 정도라고 했다. 따라서 기도의 적임자라는 것이다.

그런데 구두장이는 어쩌다 외눈박이가 되었을까. 어느 날 예쁜 부인이 신발을 사러 이 구두장이에게 왔다. 그런데 어떤 구두가 맞는지 보기 위해 여자의 다리와 발을 보는 순간, 구두장이는 '더 이상 아름다운 것을 요구하기 힘들 정도'로 예쁜 발에 반하고 말았다.

"아, 나의 생각은 얼마나 떳떳하지 못하고 사악한가."

구두장이는 '눈이 죄로 이끌면 그것을 뽑아 내라'는 복음서의 말씀을 잘 아는 사람이었다. 여자가 돌아간 뒤, 구두장이는 날카로운 막대기로 자기 눈 한 가운데를 찔러 버렸다.

이런 구두장이가 기도하는 임무를 맡았다. 그러는 사이 칼리프와 약속한 열흘이 지났다. 산은 어찌 되었을까?

정해진 날짜가 되었을 때…… 10만 명은 족히 될 기독교도는 평원으로 나와 우리 주님의 십자가 앞에 자리를 잡았다. 칼리프도 정말 놀랄 만큼 많은 사라센이 함께 그곳에 있었는데, 그들은 산이 움직이리라는 것을 전혀 믿지 않았기 때문에 기독교도를 죽이러 온 것이다. 어른이든 아이든 기독교도는 모두 크게 두려워했고 떨었으나, 여전히 창조주에 대한 단단한 희망만은 갖고 있었다.

찬송가를 부르며 평원으로 나오는 기독교인, 그들은 기적을 바라고 있다. 사라센인도 그 자리에 나온다. 그들은 기독교인을 죽이러 왔다. 마주친 이 두 집단 가운데 어느 쪽이 환호할 것인가.

구두장이가 십자가 앞에 무릎을 꿇고 하늘을 향해 손을 벌린 뒤, "성부, 성자와 성령의 이름으로, 저 산은 거기서 움직여 성령의 힘으로 저쪽으로 가도록 명령하노라!" 하며 큰소리로 기도를 마치자, 산은 한순간도 지체 없이 흔들리며 칼리프가 명령한 평원으로 1마일 움직이기 시작했다. 이를 본 칼리프와 사라센은 크게 경탄했고, 이로 인해 많은 사람이 기독교도가 되었다.

구두장이의 기도는 통했다. 산은 한순간도 지체 없이 1마일이나

갔고 환호는 기독교인의 몫이었다. 놀란 사라센인은 기독교로 개종하였다. 기독교인의 완승이었다.

바우닥을 지나갈 때 마르코 폴로는 스무 살이었다. 어려서부터 베니스의 기독교인으로 살아온 청년이 이 마을에 전해 오는 기적 같은 이야기를 들으며 어떻게 생각했을까? 우리의 하나님이 역시 세다고 믿으며 기꺼워했을까? 적어도 청년 폴로는 그랬을 것이다.

그러나 이 일을 구술하던 때의 폴로는 20여 년 여행을 경험한 다음이었다. 쿠빌라이 카안의 세계를 본 다음이었다. 기독교만 알던 베니스의 청년이 아니었다. 40대가 되어 고향으로 돌아온 폴로는 지난날 바우닥의 이야기를 떠올리며 회심의 미소를 지었다.

산이 움직인 기적은 없었다!

경험은 사람의 눈을 뜨게 한다. 폴로는 사실과 허구의 차이, 예수가 말한 비유의 진실을 알았으리라. 믿음이 산을 움직인다는 예수의 말은 새겨들어야 한다. 이는 귀신 들린 아이를 고치지 못하고 돌아온 제자들에게 예수가 나약하다 꾸짖으면서 들었던 비유였다. 비유를 비유가 아니라 곧이곧대로 받아들인 바우닥의 기독교인이 무지하거나 맹목이었다. 칼리프의 그물은 아주 쉽게 그들을 낚아 버렸다.

폴로가 체험한 동방의 문명은 그가 살던 서방과 차원이 다른 이성의 세계였다. 산이 1마일 움직여 구두장이의 믿음대로 기적이 이루어진 일은 애초에 없었다. 기적은 기독교인의 전설이었을 뿐이다. 산이 움직일 리 없다.

# 일연과 폴로의 시치미 🌿

그런데도 폴로는 바우닥의 이야기를 기독교인에게 들은 대로 《동방견문록》에 썼다. 왜 그랬을까? 왜 산이 움직였다고 썼을까. 우리는 여기서 폴로의 '트릭'을 생각한다. 위의 인용 다음에 나오는 마지막 문장이 절묘하다.

칼리프는 자신도 기독교도가 되었으나 그것은 비밀로 했다.

그것은 비밀?

현실이 된 기적 앞에서 많은 사라센인이 기독교로 개종하였고, 칼리프 또한 거기 동참하였다. 그런데 다만 그 사실을 애써 비밀에 부쳤다는 것이다. 여기서 칼리프의 입장을 헤아리는 일은 그다지 어렵지 않다. 사라센의 지역 통치자가 신앙적 감동으로 개종했다 해도, 강고한 이슬람의 사회적인 여건에서 개종했다는 고백까지는 결코 용납되지 않았을 것이다.

그래서 비밀로 했다?

그러나 폴로는 어떤 부연 설명도 붙이지 않았다. 비밀에 부치니 어떤 상황이 펼쳐지는가? 먼저 칼리프가 보호된다. 폴로는 전후 상황만 보여 주고 '비밀'이라는 말 한마디 뒤에 숨었다. 트릭이다. 비밀이라 했으니 칼리프의 개종은 어떤 논란의 빌미도 남기지 않는다. 했건 말건……. 마치 그런 느낌만 줄 따름이다. 서로 유리한 대로 해석하면 그만이다.

거기다 개종의 비밀에 홀린 사이, 정작 산이 움직이고 움직이지 않고는 관심 밖이다. 절묘하지 않은가. 여기서 기독교인의 체면도 살린다. 다만 한 가지, 예수의 비유를 가지고 함정을 판 칼리프에게 보기 좋게 넘어간 기독교 마을 사람의 어리석음은 묘한 울림으로 남는다.

트릭 뒤의 이 울림, 그것이 폴로의 도전적 상상력이다.

일연의 '노심초사'와 마르코 폴로의 '트릭'은 왠지 닮아 보인다. 중대한 사실을 넌지시 던져 놓고 시치미 떼는 모양이 그렇다. 이 시치미가 바로 두 사람의 상상력이다.

일연은 노심초사 끝에 우리의 정체를 알려 준다. 혹 자신의 글이 호사가의 입방아에 오르지 않나 염려하며, 혹 자신의 글이 대국인 몽골의 비위를 상하게 하지 않나 염려하며. 작은 나라의 지식인으로 사는 비애가 그런 것이다. 하지만 그렇게 해서라도 말할 기회를 얻어 우리의 진정한 가치가 무엇인지 알린다. 노심초사한 흔적을 슬쩍 숨겨 가면서.

폴로는 트릭 속에 자기 시대의 거짓을 알려 준다. 혹 자신의 증언이 기독교의 성 모독에 걸리지 않나 염려하며, 혹 자신의 증언이 권력자의 자격지심을 건드리지 않나 염려하며. 한낱 장사꾼으로 사는 비애가 그런 것이다. 그렇게 해서라도 말할 기회를 얻어 세계가 어떻게 넓은지 알린다. 트릭을 쓴 흔적을 슬쩍 숨겨 가면서.

슬쩍 숨기는 시치미가 가리키는 손가락의 끝을 따라가 보자. 거기에 바로 '도전적 상상력'이 자리 잡고 있다. 자기가 누구인지 알아내는 힘, 세상이 어떻게 변하는지 알아내는 힘이 상상력이다. 상상력은 반드시 도전적인 자세를 취하는 자가 지닌 힘이다. 그리고 그 힘이 상상력을 세상에 발휘하게 한다.

상상력에 기대 진정한 가치를 말하는 일연과, 도전적인 속임수로 드넓은 세계를 알리는 폴로. 13세기에 《삼국유사》와 《동방견문록》은 그렇게 세상에 나왔다. ✿

# 나가는 글

아이를 파묻으려다 발견한 돌종을 가지고 기적을 말한 이가 《삼국유사》의 일연이다. 거기서 우리는 일연이 보내는 평화의 메시지를 읽는다. 13세기의 일연은 신라를, 신라의 돌종을 보았는데, 13세기와 닮은 20세기에서 우리는 무엇을 볼까.

다시 13세기의 고려로 돌아오자.

이제껏 횡포와 폐해로 무너진 한 세기를 만나 보았다. 그러나 거기서 그칠 수 없다. 우리의 생각을 더 넓혀야 한다.

13세기 '횡포와 폐해'의 대명사 가운데 하나가 응방이다. 매사냥을 맡은 응방은 충렬왕 1년(1275)에 설치되었고, 1281년 응방도감으로 제도화된다. 이는 당연히 매를 요구하는 몽골 때문이었지만, 충렬왕이 좋아했다는 점도 무시 못 한다. 응방은 면역과 면세의 특권을 가지고 있었으며, 나라의 땅을 엄청나게 받았고, 노비와 소작인을 거느렸다. 그래서 횡포와 폐해가 극심해, 응방이 이어진 조선 중기까지 여러 차례 두고 없애기를 거듭하였다. 13세기는 응방으로 대표되는 부조리한 사회였다.

그런데 몽골에 이런 이야기가 있다.

어느 매 사냥꾼이 병든 매 한 마리를 칭기즈 칸에게 진상하며 "이

매의 병을 고칠 수 있는 처방은 닭고기"라고 말한다. 칭기즈 칸은 그에게 닭을 살 발리시, 곧 은괴 하나를 주라 하였다. 그러나 정작 재무관은 발리시 대신 닭 몇 마리 살 만한 적은 액수를 매 사냥꾼에게 남겼다. 이후 칸이 재무관에게 결과를 물었다. 상황을 알게 된 칸은 화를 내며 다음과 같이 말했다.

"그 매 사냥꾼은 닭을 원했던 것이 아니다. 그것을 핑계로 뭔가 다른 것을 얻으려 한 것이다. 내게 오는 사람은 발리시를 받아 가서 그것으로 이윤을 만들어 주겠다고 하는 '오르탁' 같은 존재이다. 그가 무엇을 잡으려고 그물을 치는지 알 수 없으나, 나는 모든 사람이 내 축복에서 자기 몫을 갖기 바란다."

오르탁이란 동서 세계의 교역을 맡은 상인들을 이른다. 그들은 중국과 서아시아를 오가며 활동했다. '매를 고칠 수 있는 처방'이란 곧 칸에게 던지는 모종의 거래였다. 재무관은 놓쳤지만 칸은 그것을 알아챘다. 이윤을 만들어 줄 그들에게 '내 축복에서 자기 몫'을 기꺼이 주겠다는 마음 씀도 칭기즈 칸답다.

같은 매 이야기이다 보니 응방에 대해 다시 생각하게 된다. 충렬왕이 설치한 응방도 무역과 연관이 있어 보인다. 횡포와 폐해만은 아니었다는 얘기다. 최근 연구에 따르면, 응방은 무역에 필요한 재원을 마련하는 상설 창구로서 원 정부나 황실에 의해 다양하게 활용되었고, 충렬왕도 그 점에 주목하여 역이용을 노렸다고 한다. 고려에도 몽골처럼 오르탁이 오기 때문이다.

오르탁은 중국과 서아시아의 주요 '기간 노선'을 오가며 활동하다가, 어떤 사정이나 필요로 인해 곁가지 '지선'을 따라 고려로 찾아왔다. 몽골과의 전쟁이 끝난 후 고려 시장은 국제 무역의 기간 노선에서 벗어나 있었다. 그러다 보니 오르탁 가운데 '파산한 회회인', 또는 '세금 포탈자' 같은 이들이 고려로 몰려들었던 것 같다. 이른바 B급 오르탁이었다. 하지만 그들에게 고려 시장은 '재기'를 암중모색하기에 나쁘지 않은 공간이었다. 역으로 고려의 응방은 이들을 적절히 활용할 수 있었다.

쿠빌라이 카안의 몽골은 그 자체가 곧 세계였다. 고려가 이 세계의 체제와 함께한다면, 비록 지선의 접촉일지라도 종전의 규모를 훨씬 넘어서는 투자와 교역이 가능하였다. 이른바 '확장된 접촉'이 가능하였던 것이다. 몽골의 영역이 지금까지 있던 중국 왕조의 영역보다 훨씬 광대했기 때문이다. 한 연구자는 이렇게 말한다.

> 전지구적 규모의 '동서 세계 간 교역'이 육·해상 양쪽에서 모두 진흥하면서, 동아시아 교역권의 일부로서의 한반도 역시 그야말로 '넓어진 시장'을 상대하게 된 것이다.
>
> 이강한, 《고려와 원제국의 교역의 역사》에서

13세기 내내 불안과 갈등 속에 피폐했던 고려였다. 몽골은 그 원흉이었다. 그러나 지나간 13세기의 고통이야 어쩔 수 없고, 전쟁이 끝나자 싫건 좋건 그 체제 속으로 들어가야 했다. 그러자 비록 기존 질서는 붕괴되었지만, 14세기에 들어 고려의 대외 교역에는 활성화의 문이 열리기 시작했다.

그러나 고려의 14세기가 확장된 접촉의 수혜를 충분히 누렸던가? 아쉽게도 답변은 부정적이다. 왕실과 지도층은 정쟁의 소용돌이에서 벗어나지 못했다. 충렬왕과 충선왕 부자의 갈등은 특히 안타까웠다. 시대의 흐름을 풀어낼 세력이 전혀 형성되지 못하였다.

13세기의 아쉬움은 '얻어맞은' 13세기가 아니라 '잃어버린' 14세기에서 더 크다.

왜 14세기를 놓쳤을까? 다시 한번 생각하자면, 요컨대 우리에게 마르코 폴로 같은 경험치가 부재했던 데 원인이 있다. 달라진 세계를 보고도 달라진 세계관을 만들지 못했다.

예를 들어, 익재 이제현 같은 이에게서 느끼는 아쉬움이 있다. 생애 내내 중국 연경의 만권당을 오가며 원나라 정부를 이모저모 살필 기회가 있었던 그가, 끝내 《동방견문록》 같은 책을 쓰지 못한 점이 못내 아쉽다. 연경은 지금의 북경으로 이때부터 이미 중국의 수도였다. 세계가 거기 있었는데 세계를 발견하지 못한 셈이다.

그래서 일연의 《삼국유사》를 찾아 읽었다.

앞서 혜통의 이야기를 하였다. 중국에서 유학하던 혜통이 공주의 병을 고치다 동티가 났는데, 병의 원인인 악귀가 신라로 와서 난장판을 만든다. 혜통은 급히 귀국해 수습한다. 악귀를 쫓아내는 일은 어렵지 않으나, 근본이 해결되지 않으면 같은 편끼리 오해와 불신으로 꼬이기 쉽다.

여기서 혜통이 일을 해결하는 순서를 주목해 보자. 먼저 같은 편안의 오해를 푼다. 거기에는 양보가 필요하다. 다음, 악귀의 근본을 바꾼다. 쫓아내 봤자 악귀로 남아 있는 한 완치는 없기 때문이다. 굿의 마지막에 나오는 장면처럼 귀신이 선한 존재로 바뀌어야 한다. 혜통은 악귀를 잘 깨우쳐 더는 살생을 못 하게 한다. 그러자 비로소 모든 해가 그쳤다.

일연이 쓴 혜통 이야기는 13세기의 혼란을 헤쳐 나가는 하나의 방책이다. 혜통에게 쫓긴 악귀처럼 우리 시대에도 코로나19라는 악귀가 나타났다. 어떻게 이길 것인가? 일연이 일러준 대로라면 먼저 우리 사이의 오해를 풀고, 나아가 악귀의 근원을 치료해야 한다.

우리는 13세기와 닮은 20세기를 살았다. 13세기 고려가 무신 정권과 몽골 전쟁을 겪었듯 20세기 우리는 군사 정권과 한국 전쟁을 겪었다. 그렇게 닮은 가운데 결정적으로 다른 점이 있다.

13세기의 고려는 혼란의 와중에도 민족이 한 나라였지만, 20세기의 우리는 남과 북이 분단의 세월을 살았다. 분단된 지 벌써 70년이 넘었고 언제 끝날지 모르는 세월이다. 만만치 않은 시간이다. 그런 점에서 우리는 13세기에 없었던 장애물을 하나 더 가지고 있다. 그런데 분단이 정말 장애물일까.

14세기의 고려가 어떻게 되었는가? 13세기의 짐을 감당하지 못하고 허우적댔고, 조선으로 나라를 바꾸고 나서야 겨우 극복되었다. 고려에서 조선으로의 교체는 생각만큼 엄청난 혁명은 아니었다. 집권층도 거의 그대로이고 정치 체제나 사회 제도 또한 크게 다르지 않았다. 왕실만 바뀐 정도인데, 어쩌면 '기분 전환' 비슷한 것은 아니었을까. 그래도 그 나름 중대한 변화였다. 기적적으로 나라의 꼴이 일신되었다는 점에서 그렇다.

21세기의 우리에게도 그런 기적이 찾아올까? 아니, 찾아야 한다.

그 실마리는 남북통일에 있다. 남북통일은 14세기의 왕조 교체와 비슷한 효과를 줄 것이다. 통일이 되면 나라 이름을 바꿀 수도 있다. 20세기의 고착된 상황을 타개하자면, 13세기 위기의 해법이 14세기의 왕조 교체에 있었듯이 21세기에 남북통일을 그렇게 활용할 수 있겠다. 남과 북의 오해를 풀고 근본부터 화해한다면, 13세기에 없던 '분단'이라는 상황이 이제 도리어 21세기를 개척하는 밑거름이 될 수 있는 것이다.

아이를 파묻으려다 발견한 돌종을 가지고 기적을 말한 이가 《삼국유사》의 일연이다. 거기서 우리는 일연이 보내는 평화의 메시지를 읽는다. 곤궁의 바닥에서 신라가 보였다. 바닥을 짚고 일어서는 신라가 거기 있었다. 고통 속에서 비로소 희망이 보인다.

13세기의 일연은 신라를, 신라의 돌종을 보았는데, 13세기와 닮은 20세기에서 우리는 무엇을 볼까. ✿

## 참고 문헌

### 전체

《고려사》

《고려사절요》

《삼국사기》

《삼국유사》

고운기,《우리가 정말 알아야 할 삼국유사》, 현암사, 2002.

고운기,《일연과 삼국유사의 시대》, 월인, 2001.

고운기,《일연을 묻는다》, 현암사, 2006.

마르코 폴로, 김호동 역주,《동방견문록》, 사계절, 2000.

이강한,《고려와 원제국의 교역의 역사》, 창비, 2013.

존 던컨, 김범 옮김,《조선왕조의 기원》, 너머북스, 2013.

채상식,《고려후기불교사연구》, 일조각, 1991.


### '고려'라는 나라의 13세기

고운기, 〈13세기 여성의 삶과 그 인식〉,《일연과 삼국유사의 시대》, 월인, 2001.

김상기,《신편 고려시대사》, 서울대출판부, 1985.

박종기,《500년 고려사》, 푸른역사, 1999.

송준호,《우리 한시 살려 읽기》, 새문사, 2006.

장병인, 〈고려시대 혼인제에 대한 재검토〉,『한국사연구』제71호, 한국사연구회, 1990.

최재석,《한국가족제도사연구》, 일지사, 1982.

한국여성사 편찬위원회,《한국여성관계자료집》, 이화여대출판부, 1985.

今村 鞆, 〈朝鮮に於ける一夫多妻の存在について〉,《稲葉博士還暦記念満鮮史論叢》,
   編纂委員會, 1938.

旗田 巍,《朝鮮中世社會史の研究》, 法政大學出版局, 1972.


**증언자 일연**

고병익 외,《한국의 역사인식》, 창작과비평사, 1976.

고운기,《스토리텔링 삼국유사2》, 현암사, 2010.

고익진,《한국고대불교사상사》, 동국대출판부, 1992.

국사편찬위원회 편,《한국사》, 탐구당, 1974.

김열규 편,《삼국유사와 한국문학》, 학연사, 1983.

김영태,《삼국유사의 신라불교사상연구》, 신흥출판사, 1979.

김완진,《향가해독법연구》, 서울대출판부, 1980.

김윤곤,《한국중세의 역사상》, 영남대출판부, 2001.

박윤진,《고려시대 왕사·국사 연구》, 경인문화사, 2006.

불교사학연구소 편,《삼국유사연구논저목록》, 중앙승가대, 1992.

신영훈,《절로 가는 마음》, 책만드는집, 1994.

안계현,《한국불교사연구》, 동화출판공사, 1982.

에드워드 콘제,《불교의 성전》, 고려원, 1983.

정신문화연구원,《삼국유사의 종합적 연구》, 한국정신문화연구원, 1986.

한기두,《한국불교》, 원광대출판부, 1973.


**고려와 몽골**

고명수,〈몽골-고려 형제 맹약 재검토〉,『역사학보』제225호, 역사학회, 2015.

고병익,《동아교섭사의 연구》, 서울대출판부, 1970.

고운기,〈파괴와 복원의 변증〉,『일본학연구』제51호, 단국대학교일본연구소, 2017.

고운기,〈문화원형의 의의와 삼국유사〉,『한문학보』제24집, 우리한문학회, 2011.

김운회,《몽골은 왜 고려를 멸망시키지 않았나》, 역사의아침, 2015.

김장구,〈13~14세기 여몽관계에 대한 몽골 하계의 핀점〉, 동북아역사재딘·경북대한

중교류연구원 엮음,《13~14세기 고려-몽골관계 탐구》, 동북아역사재단, 2011.

김호동,《몽골제국과 세계사의 탄생》, 돌베개, 2010.

레프 구밀료프, 권기돈 옮김,《상상의 왕국을 찾아서》, 새물결, 2016.

석지현 엮고 옮김,《선시》, 현암사, 2013.

유원수 역주,《몽골비사》, 사계절, 2004.

윤용혁,〈대몽항쟁기 여몽관계의 추이와 성격〉, 동북아역사재단 · 경북대한중교류연구원 엮음,《13~14세기 고려-몽골관계 탐구》, 동북아역사재단, 2011.

이개석,〈여몽관계사 연구의 새로운 시점〉, 동북아역사재단 · 경북대한중교류연구원 엮음,《13~14세기 고려-몽골관계 탐구》, 동북아역사재단, 2011.

이승한,《쿠빌라이 칸의 일본 원정과 충렬왕》, 푸른역사, 2009.

이익주,〈1219년(고종6) 고려-몽골 '형제 맹약' 재론〉,『동방학지』제 175호, 연세대국학연구원, 2016.

플라노 드 카르피니 외, 김호동 역주,《몽골제국기행》, 까치, 2015.

中村元 외 편,《岩波佛教辭典》(제2판), 岩波書店, 2002.

## 고려와 일본

김상기,《신편 고려시대사》, 서울대출판부, 1985.

김현구,《동아시아 세계와 백촌강 싸움》, 고려대학교출판문화원, 2016.

남기학,〈몽고의 일본 침략과 일본의 대응〉, 한일문화교류기금 동북아역사재단 편,《몽골의 고려 · 일본 침공과 한일관계》, 경인문화사, 2009.

이승한,《쿠빌라이 칸의 일본 원정과 충렬왕》, 푸른역사, 2009.

村井章介,〈몽골의 내습과 異文化 접촉〉, 한일문화교류기금 동북아역사재단 편,《몽골의 고려 · 일본 침공과 한일관계》, 경인문화사, 2009.

武田祐吉,《古事記研究-帝紀考》, 青磁社, 1944.

森公章,《〈白村江〉以後》, 講談社, 1998.

歷史學研究會 · 日本史研究會,《講座日本歷史(3) 中世1》, 東京大學出版會, 1984.

武光 誠,《魏志倭人傳と邪馬臺國》, 讀賣新聞社, 1998.

삼국유사에 반영된 시대의 비극

고운기, 《나의 별에도 봄이 오면》, 산하, 2006.

고운기, 《모든 책 위의 책》, 현암사, 2020.

고운기, 〈13세기 여성의 삶과 그 인식〉, 《일연과 삼국유사의 시대》, 월인, 2001.

고운기, 〈유일하게 남은 저서 《중편조동오위》〉, 《일연을 묻는다》, 현암사, 2006.

고운기, 〈파괴와 복원의 변증〉, 『일본학연구』 제51호, 단국대학교일본연구소, 2017.

서정목, 《삼국유사 다시 읽기 12》, 글누림, 2018.

신종원, 《삼국유사 새로 읽기(2)》, 일지사, 2011.

*단행본은 《 》로, 논문은 〈 〉로, 학술지나 논문집은 『 』로 표기하였다.

**보리 한국사 4**

# 일연과 13세기 나는 이렇게 본다

2021년 7월 1일 1판 1쇄 펴냄 | 2022년 5월 25일 1판 2쇄 펴냄


**글쓴이** | 고운기

**편집** | 김용심, 김로미, 이경희, 임헌
**교정** | 김성재
**디자인** | 장소인
**제작** | 심준엽
**영업** | 나길훈, 안명선, 양병희, 원숙영, 조현정　**독자 사업(잡지)** | 김빛나래, 정영지
**새사업팀** | 조서연　**경영지원** | 신종호, 임혜정, 한선희

**인쇄와 제본** | (주)천일문화사

**펴낸이** | 유문숙　**펴낸 곳** | ㈜도서출판 보리　**출판 등록** | 1991년 8월 6일 제9-279호
**주소** | (10881) 경기도 파주시 직지길 492　**전화** | (031) 955-3535　**전송** | (031) 950-9501
**누리집** | www.boribook.com　**전자우편** | bori@boribook.com

이 책의 내용을 쓰고자 할 때는, 저작권자와 출판사의 허락을 받아야 합니다.
잘못된 책은 바꾸어 드립니다.

ⓒ고운기, 2021

**값** 15,000원
**ISBN** 979-11-6314-214-0　04910
　　　979-11-6314-213-3　04910 (세트)

보리는 나무 한 그루를 베어 낼 가치가 있는지 생각하며 책을 만듭니다.